Résurrection

DE LA MÊME AUTRICE

Impitoyable, Stock, 2020

11 septembre 2001 – La guerre : Enquête sur un attentat contre l'humanité, Filipacchi, 2001 (ouvrage collectif)

Saveria Rojek

Résurrection

Stock

Couverture : Le Petit Atelier
Photographie de couverture © Irina Kalashnikova /
Sputnik / Sputnik via AFP

ISBN : 978-2-234-09228-0

« Il faut être l'homme de la pluie et l'enfant du beau temps. »

René Char, « Fragment LVII »,
Moulin premier,
Poésie/Gallimard, 1936

1.

Les temps sauvages

« Je le trouve fatigué, il n'arrête pas. On dort et on a des chefs d'État qui l'appellent sur son portable en pleine nuit ! Ça n'arrête pas. » Dans un couloir de l'aile Madame, Brigitte Macron soupire. Dix jours plus tôt, le monde s'est réveillé pétrifié par la folie barbare de Poutine. Le pire s'est produit, la guerre, la vraie.

L'aube est encore lointaine quand l'alerte tombe le jeudi 24 février 2022. Vladimir Poutine annonce une opération spéciale dans le Donbass. En clair, il attaque l'Ukraine. Pour la première fois du quinquennat, il faut réveiller le président en pleine nuit, à 5 heures, alors qu'il est remonté de son bureau à peine quatre heures plus tôt.

En réalité, l'Élysée s'attend au pire depuis trois jours. En début de semaine, l'autocrate russe a reconnu l'indépendance des républiques séparatistes du Donbass. Un prélude à la guerre. « Poutine a fait son choix », lâche le président depuis le Salon doré, son bureau, en apprenant la nouvelle. Malgré le calme des équipes, une peur noire et épaisse s'insinue au sein de la machine d'État. « Nous étions effrayés », confie un témoin. Sans attendre les premières bombes, l'Élysée commence dans le plus grand secret à préparer les sanctions contre la Russie. « Il faut avoir un effet utile », répète le chef de l'État à son équipe. Même si Poutine n'entend plus rien, « il faut essayer ».

Être utile, c'est continuer à parler au président russe, toujours selon le même rituel : l'équipe diplomatique est prévenue par le secrétariat particulier du président et prépare les entretiens. Emmanuel Bonne, le sherpa depuis 2019, Alice Rufo, la cheffe adjointe de la cellule diplomatique, et Anne-Sophie Bradelle, la conseillère en communication internationale, qui a vécu à Kiev et qui y a encore beaucoup d'amis. Parfois, en dépit des circonstances, c'est un Macron blagueur qui les accueille dans son bureau. « Ça va ?

C'est la grande forme, n'est-ce pas ? » lance-t-il pour détendre un peu l'atmosphère.

Exercice d'endurance, d'extrême tension, les appels avec Poutine, contrairement à ce que laissent penser les photos diffusées dans les médias, ne se déroulent pas en visioconférence dans le Salon vert, mais directement sur la ligne sécurisée du bureau du président. Sur cette longue table de bois sombre aux extrémités arrondies où les dossiers s'amoncellent, la pieuvre de plastique noire qui sert pour ces appels repose à gauche, barrée de l'étiquette « communications sécurisées ». Juste à côté, un cadre, trois photos du même jour, son mariage avec Brigitte. Dans l'axe du chef de l'État, un minuscule carré de bronze que lui seul voit : un portrait de Charles de Gaulle offert par Jacques Chirac. Et puis, collée aux parapheurs multicolores – ceux que le président transporte par dizaines chaque week-end à la Lanterne pour les signer –, une ligne entière de tasses en délicate porcelaine où sèchent des restes de café. Assis face à Emmanuel Macron, les conseillers et les interprètes n'ont d'autre choix que de les poser sur le bureau présidentiel. Derrière eux, trois hautes fenêtres. Les regards se perdent sur les bosquets dont le vert change au fil des heures.

Quand le président russe se lance dans une de ses logorrhées belliqueuses, Macron met le haut-parleur sur silencieux. Mâchoires crispées, lèvres pincées, ses doigts tapotent nerveusement sur le bureau. Il lève les yeux vers l'équipe et dit : « On lâche rien », même si le dialogue semble muré. « Je te demande que l'accès humanitaire soit possible », assène le président. « Mais ce sont les Ukrainiens, les agresseurs ! », ou encore « J'atteindrai mes objectifs que ce soit par la voie diplomatique ou la voie militaire », lui réplique-t-on froidement au bout du fil. La nuit est tombée sur Moscou.

Face au cynisme, un dialogue impossible, où la rationalité n'est plus de mise. Seule compte la réécriture de l'Histoire. Raison pour laquelle une des obsessions du chef de l'État est de recenser tout ce qui est dit, fait, décidé par le Kremlin. « Il faut être notarial, il faut documenter, pour l'Histoire », demande Macron à ses conseillers, lui qui a été très marqué par l'impunité des responsables de la guerre en Syrie. « Macron était à l'Élysée en 2013, quand Bachar al-Assad n'a pas été stoppé par les Occidentaux, il y fait souvent référence », explique un conseiller. Ainsi, dès le mois de décembre 2021, le président contacte lui-même l'association Mémorial, à Moscou, qui documente les crimes du stalinisme.

Être utile, c'est en outre batailler pour la vérité. Il faut dire les choses brutalement au maître du Kremlin, à hauteur de l'horreur infligée aux populations, à hauteur des pleurs des hommes et des cris des enfants. Après le bombardement de la maternité de Marioupol, Emmanuel Macron, livide, figé de gravité, échange avec Poutine : « Ce qu'il se passe là, c'est un crime de guerre. » Dans cette ville portuaire stratégique, la situation est effrayante : « Les civils sont clairement ciblés. C'est la logique de la terreur. » Le président poursuit : « Poutine ne recule devant aucun massacre, Marioupol demeurera une tache indélébile dans l'histoire russe. » Et face à cette cruauté, « le futur est mort », résumera le prix Nobel de la paix 2021, Dmitri Mouratov, directeur de la rédaction de *Novaïa Gazeta*.

Parfois le ton monte et le chef de l'État abat son poing sur la table, jointures serrées. « Il est dans le déni total de la réalité ». Coté Poutine, la tessiture reste systématiquement clinique. Quand le Kremlin propose aux Ukrainiens des corridors humanitaires vers la Russie, le président français s'emporte : « C'est un piège ! » De même, lorsque la propagande russe évoque des laboratoires d'armes chimiques et biologiques côté ukrainien, l'Élysée frémit : on sait que des méthodes similaires ont été employées en

Syrie pour justifier l'utilisation de telles armes. Dans les jours qui suivent, Macron partage son inquiétude avec ses conseillers : « La résistance courageuse et poignante des Ukrainiens fait paradoxalement craindre le pire, à savoir des bombardements type Grozny ou Alep. »

Les appels au président Zelenski sont eux aussi fréquents. Ils se déroulent parfois en russe, la langue natale du président ukrainien. Les deux hommes se connaissent bien, Emmanuel Macron l'avait reçu à l'Élysée alors qu'il n'était que candidat. À chaque fois que la conversation s'interrompt, que la liaison est coupée, le chef de l'État craint le pire. « Il a un courage, un sang-froid extraordinaires », juge Macron qui, en retour, s'interdit d'être dans l'émotion. « Il faut tenir, c'est ce qu'on leur doit », martèle-t-il.

À son habitude, rien n'échappe au président, il veut tout contrôler : il surveille « à la personne près chaque Français présent sur le sol ukrainien, tout autant que le lycée français de Moscou ». Ne jamais lâcher, ne jamais se résigner. Quand Odessa est menacée, il appelle immédiatement Poutine pour lui demander de ne pas lancer d'offensive sur la ville. « C'est une posture presque existentielle et morale chez lui. C'est la guerre, on se doit d'aider », pense un intime.

Parfois, il y a de petites victoires : lorsque les Russes prennent le contrôle de la centrale nucléaire de Zaporijia, Emmanuel Macron contacte le patron de l'AIEA[1] et lui propose une coopération russo-ukrainienne pour surveiller les installations. Il appelle ensuite Vladimir Poutine pour le convaincre d'accepter cette coopération.

Toujours tenter de ramener le chef du Kremlin au masque botoxé dans une certaine réalité, même si après une énième énormité, Macron s'énerve, le téléphone sur silencieux : « Là, c'est du foutage de gueule. » Puis il se reprend et dit calmement : « Vladimir, il faut être sérieux, ce que tu viens de dire est faux. » Le chef de l'État espère également un mouvement du côté de l'opinion russe. « On peut tenter de cacher la guerre au peuple russe, mais pas les morts aux mamans russes », dit-il alors que les premiers corps de soldats tués au combat sont rapatriés en Russie.

« Dans ces moments-là, Macron est le contraire de Sarkozy. Il n'est pas dans l'impulsion, comme quand l'ancien président envoie Cécilia auprès des infirmières en Lybie. Non, avec Macron, tout est très réfléchi. Il est toujours dans une grande maîtrise. Il ne fait rien à l'aveugle », confie un

1. L'Agence internationale de l'énergie atomique.

témoin. Jusqu'à la communication de cette crise où l'Élysée met savamment en musique à coups de photos instagrammables le narratif du chef de guerre en jean et sweat à capuche. Revoici, comme pendant la pandémie, un Macron mal rasé, les traits tirés, le regard inquiet. On ne dissimule plus les tempes blanchies, les rides, le visage marqué. Une mise en scène parfois poussée à l'excès.

Le jeudi 24 février, premier jour des attaques, la journée s'enchaîne, folle, intense, après le réveil au milieu de la nuit. À 8 heures, le chef de l'État réussit à parler au président ukrainien. « La situation qu'il m'a décrite est une situation de guerre totale », déclare Emmanuel Macron à l'orée d'un Conseil de défense convoqué dans l'urgence. Dans le PC Jupiter, un bunker enfoui soixante-dix mètres sous terre sous l'Élysée, les regards sont sombres, l'atmosphère pesante parmi les ministres régaliens. Quand le président s'adresse aux Français, à la mi-journée, le voile de fond de teint peine à masquer l'angoisse. Derrière lui, un symbole, le drapeau ukrainien. Plus tard, un avion l'attend, direction Bruxelles pour un Conseil européen. Il faut orchestrer une réponse politique et diplomatique à l'invasion. Une fois arrivé en Belgique, il joint enfin

Vladimir Poutine en s'isolant sur une ligne sécurisée du bureau de la délégation française :

« Tu as envahi l'Ukraine, tu as choisi la guerre. Je t'avais proposé un chemin.

– Non, ce sont des nazis. »

À la fin de l'échange, Emmanuel Macron retrouve ses homologues européens. Lorsque le Falcon présidentiel atterrit à Paris, il est 5 heures du matin. Le chef de l'État est debout depuis vingt-quatre heures. « J'ai fait le tour du cadran », dit-il. L'adrénaline l'a fait tenir. Dans les jours qui suivent, l'union politique entre les Vingt-Sept se soude comme jamais en soixante-dix ans.

À trente jours du premier tour, le conflit bouleverse aussi l'entrée en campagne du candidat Macron. Comment intéresser les Français à cette élection alors que Poutine brandit la menace atomique et que l'on commence à vérifier les stocks de pastille d'iode pour parer à un éventuel accident nucléaire ? « La France n'est pas en guerre, mais elle n'est déjà plus en paix », estime le chef de l'État.

Dans un ballet schizophrénique, le président peut pianoter sur son téléphone pour trancher sur le nom de l'indemnité essence tout en suivant une conférence avec ses homologues européens sur la guerre. Il peut s'extraire d'une heure et demie de bras de fer avec le maître du Kremlin pour plonger dans une réunion sur le dernier tract de campagne pour l'outre-mer ou le mailing à destination des notaires. De fait, contrairement aux dénégations des macronistes dans les médias, aux atermoiements publics même du président, depuis des mois un commando met secrètement sur pied un méticuleux plan de bataille. Objectif : faire réélire le « chef ».

Chaque semaine, les réunions s'enchaînent autour d'Alexis Kohler, le bras droit du président, le « confiné zéro » comme l'a surnommé Richard Ferrand car l'homme ne quitte l'Élysée que pour dormir quelques heures. À la nuit tombée, la bande se retrouve au Palais. On picore des sushis, on sirote du whisky, parfois Brigitte passe une tête mais jamais ne s'attarde, sauf pour un dîner un peu plus formel. Dans le Salon vert, engoncés dans les fauteuils de cuir fauve qui habillent la table oblongue, les hommes sont souvent les mêmes : Richard Ferrand, Christophe Castaner, les ministres Sébastien Lecornu, Julien Denormandie, Gabriel Attal, le conseiller Clément Léonarduzzi, parfois François Bayrou. Tout est pensé, déminé : les slogans, les logos, le programme, les meetings, les ralliements. Et tous jouent des coudes pour les meilleurs postes. Sébastien Lecornu, en particulier, lorgne sur le plus influent : directeur de campagne. Lecornu, c'est ce jeune ministre venu de la droite qui fait de la politique à l'ancienne ; son cabinet ne doit-il pas bloquer deux heures dans l'agenda et mobiliser rien de moins que quatre conseillers pour une « rédaction de SMS à Julien Denormandie » ?

Rompus à l'exigence du « chef », ces fidèles reçoivent parfois à l'orée de la nuit des photos sur leurs téléphones : des pages de notes manuscrites. C'est Emmanuel Macron qui donne instruction aux troupes, charge à son assistante de les photographier puis aux destinataires de décrypter son écriture sibylline. Exigeant avec lui-même, il l'est aussi avec les autres. Par exemple, lors d'un déplacement au Vatican en novembre 2021, il fait prévenir qu'il souhaite voir toute la délégation, les conseillers mais aussi les ministres présents pendant le voyage, après son dîner. La petite troupe, déjà exténuée du voyage officiel, arrive à 22 heures à l'hôtel où séjourne le président. Emmanuel Macron les rejoint finalement deux heures et demie plus tard, très en forme, et commence par interroger Gérald Darmanin : « Alors, monsieur le ministre de l'Intérieur, faites-moi un point de la situation. »

La discrétion est également capitale dans cette préparation de campagne. Jamais plus de dix personnes ne connaissent une information. Parfois, seulement trois. Dans ce monde macronien où le culte du secret confine à l'obsession, on retire les téléphones avant chaque réunion pour éviter les fuites et ménager les effets d'annonce. Quand sort dans la presse la future proposition du candidat de reculer l'âge de départ à la retraite à 65 ans, Macron, mécontent, lance à l'équipe : « Vous me trouvez rapidement le coupable ! » Il faut être vigilant avec cette annonce, le président le sait, la mesure peut réveiller la fièvre sociale. D'autant que c'est lui-même qui, en 2019, après la crise des Gilets jaunes, avait renouvelé sa promesse de 2017 de ne pas repousser l'âge légal.

Au siège d'En marche, rue du Rocher, des communicants et des stratèges sont arrivés dès septembre sous la houlette de Grégoire Potton. Depuis des mois, les gros donateurs ont été contactés, des millions de tracts imprimés. Une organisation militaire, martiale, car en cinq ans, Emmanuel Macron a appris à « cheffer », et les « amateurs » se sont professionnalisés.

2.

Une lettre aux Français

Raymond Aron avait eu ce mot cruel à l'endroit du jeune président Valéry Giscard d'Estaing : « Il ne sait pas que l'histoire est tragique. » Emmanuel Macron le vit depuis une semaine. Et voilà que ce « retour du tragique », ce vent glacé et mortifère soufflé par le maître du Kremlin, vitrifie la campagne. Comment se déclarer quand on tente d'éviter une troisième guerre mondiale, une guerre au cœur même de l'Europe ? Finalement, la sobriété prime : une semaine après l'invasion de l'Ukraine, Emmanuel Macron envoie une lettre aux Français dans laquelle il « sollicite un nouveau mandat ».

Ce jour-là, la matinée a encore été intense. Même Brigitte a du mal à arrêter son mari.

Quelques jours plus tôt, elle trépignait près du Salon doré, les traits tirés d'angoisse : « Il faut lui dire, confie-t-elle à un conseiller, on doit avoir des réponses, on doit réussir à les évacuer. » Depuis une semaine, on l'interroge sans cesse sur le sort des enfants ukrainiens dans les orphelinats, les hôpitaux. Comment les aider ? Comment les rapatrier ? Elle veut insister sur une extraction auprès du président et du ministre Jean-Yves Le Drian. Dès le début de la guerre, elle est entrée en contact avec la Première dame ukrainienne, Olena Zelenska. Elles échangent, mais pour des raisons de sécurité, jamais directement. Un intermédiaire transmet à Brigitte la capture d'écran des messages d'Olena.

Le même jour, à quelques mètres du bureau du président, son équipe l'attend pour déjeuner. « Je sors d'un *call* de deux heures avec Poutine, dit Macron en pénétrant dans la salle. Je suis pessimiste, ça ne va pas s'arranger. Et le débat sur une intervention de l'armée française va se poser. Le référentiel, c'est la guerre en Syrie, ça va créer une émotion très forte sur cette campagne et une peur de la guerre. [...] Il faut éviter la chorégraphie d'impuissance et construire un agenda sur la paix. » Autour de la table, Richard Ferrand, François Bayrou, Alexis Kohler, Julien Denormandie, Stanislas Guerini,

Ismaël Emelien, Grégoire Potton et quelques hommes de confiance aux costumes sombres. Ils ont abandonné l'arrogance souriante des débuts, de ceux qui ne savent pas qu'ils ne savent rien. Les bombes ont beau gronder aux portes de l'Europe, il faut aussi gérer les affaires courantes. Et les affaires courantes, c'est sa réélection. Le président poursuit : « Sur la candidature, il faut un texte court, le ton doit être celui de la sincérité, il ne faut pas qu'on nous accuse de jouer du moment, de profiter des circonstances. » Faut-il maintenir des meetings ? « Non, les gens ont peur », avertit un participant. Dans ce cas-là, « il faut faire la fortune de monsieur Tupperware ! » lance le président. En clair, une campagne de proximité avec du porte-à-porte.

Le projet de lettre a été rédigé par Jonathan Guémas, la plume du président. Lors du déjeuner, on distribue des exemplaires à chacun. Alors que moins de vingt minutes plus tôt, le chef de l'État écoutait la logorrhée paranoïaque et hermétique de Vladimir Poutine, voilà l'assemblée en train de vérifier la présence dans le texte de tous les mots attendus et « politiquement corrects ». Le président lit la lettre à voix haute et griffonne au stylo bleu les remarques.

« "Femme", ça y est ? demande l'un.

– Il manque les outre-mer et les Français de l'étranger.

– Et "réforme" ? »

Et ainsi de suite. La « lettre aux Français », son premier acte de candidature, est donc écrite entre deux sushis sur un coin de table. Une lettre « banale », sans emphase, précisément l'effet recherché. Ce président qui aime tant la mise en scène, les photos léchées et l'orchestration minutieuse, n'aurait jamais imaginé se déclarer candidat sans son ni image.

Cette campagne ultrasecrète exclut ministres et figures de la majorité. Le lancement trois semaines plus tôt du slogan « Avec vous », imaginé par Ismaël Emelien, dit tout de cette préparation. Moins de dix personnes étaient au courant de l'identité visuelle et de la diffusion de dizaines de milliers de tracts dans toute la France. Mais dans un monde surmédiatisé, les ministres envoyés en matinales doivent être prévenus : le jour même du lancement, des listes sont préparées en fonction de l'importance des uns et des autres. Ensuite, heure après heure au creux de la nuit, les messages partent vers les membres du gouvernement et les parlementaires. Tous découvrent en temps réel le premier acte de campagne d'Emmanuel Macron. L'ensemble de la majorité en a été écarté.

Rien n'est laissé au hasard : s'ils sont une cinquantaine à s'activer depuis des mois au QG, seule une poignée rejoint le soir l'Élysée pour des comptes rendus avec le président. C'est avec eux plus qu'avec des politiques ou sa propre majorité que Macron construit la campagne. Parfois, ce sont des visioconférences où le chef de l'État attaque avec une plaisanterie : « Déjà, j'ai réussi à me connecter seul, c'est un grand progrès ! » et poursuit dans ce langage macronien inintelligible pour les Français : « Je vous fais un retex des conneries de ces derniers jours », ou encore « On va napalmiser les thèmes des autres ». Le moindre détail l'obsède : « Utilisez-moi, dit-il à ses équipes, faites-moi faire des vidéos sectorielles, pour l'outre-mer, pour les Français de l'étranger. D'ailleurs, y a-t-il d'autres catégories qu'il faut traiter ? Dites-moi ! Et puis, on en est où des mailings aux coiffeurs, aux notaires ? » « Ils sont plusieurs là-dedans », plaisante un conseiller.

La tragédie ukrainienne, ses atrocités charriées en continu par les chaînes d'info, plonge les Français dans la sidération. Les bombes, la peur réveillent une société déjà épuisée par deux ans de pandémie. Mais vite l'angoisse du quotidien, notamment l'envolée des prix de l'essence, reprend ses droits. Les courriers de Français soucieux affluent à l'Élysée. Un contexte éruptif qui inquiète : « On peut perdre l'élection sur le prix de l'essence et de la baguette », et l'état de grâce dû à la guerre peut s'essouffler rapidement. D'autant que les premiers évènements de campagne ne se passent pas forcément très bien : le « débat avec les Français » à Poissy est raillé par la presse pour son manque d'objectivité. Le soir, le commando débriefe autour du chef : « Le problème de Poissy, ce n'est pas le fond, c'est Michel Drucker », affirme un témoin, hilare, en évoquant le maire de Poissy, Karl Olive. Et le président de surenchérir : « Le seul regret qu'on peut avoir c'est que le mec ait perdu ses fiches. » Lesdites fiches s'étant retrouvées dans la presse. Et comme toujours, aucun ministre n'a été prévenu des annonces. Ainsi, Jean-Michel Blanquer découvre devant le reste du gouvernement réuni au QG les propositions du candidat Macron sur les mathématiques.

C'est une drôle de campagne, une campagne ankylosée par la guerre. L'opposition commence à reprocher au président d'esquiver le débat. Là encore, Macron dit aux stratèges : « Le risque, c'est qu'on dise le mec se planque, il refuse les débats. La meilleure réponse à ces critiques, c'est de faire une conférence de presse, se farcir deux heures avec les journalistes, et là, on leur fait la totale. De 16 à 18 heures, je me tape toutes les questions de la terre. C'est ça, la meilleure réponse. »

Et puis, il faut aussi ménager les susceptibilités des uns et des autres. Pour les commémorations des attentats de Toulouse fin mars, « François Hollande a fait savoir qu'il voulait parler, du coup, je dois aussi faire parler Sarkozy, donc trouvez-moi un moment pour qu'il parle. De toute façon, moi, j'en peux plus de parler ! »

Guerre oblige, sa popularité s'envole. Déjà haut dans les sondages, il est ultra-favori depuis que la Russie a lancé une offensive à quelques milliers de kilomètres du sol français. Certains commencent même à plaisanter : « Il ne faudrait pas qu'il soit élu au premier tour ! », ou encore : « De toute façon, on gagne sans rien faire. On n'est absolument pas challengés sur le fond par les autres candidats. » Le président avait un « boulevard » devant lui avant l'invasion russe, il a désormais une « autoroute ». C'est le genre de remarques que Macron déteste. Lui reste concentré sur l'objectif. Certes, l'enthousiasme qui semblait porter Zemmour s'est essoufflé, et

Valérie Pécresse, poignardée de tous côtés, n'en finit pas chaque jour de chuter dans les sondages. Il faut d'ailleurs souligner sa force de caractère, comme celle d'Anne Hidalgo. 2022 ou le quitte ou double existentiel des deux grands partis de la Vᵉ République. Pécresse est à terre mais, dans ces derniers jours avant le vote, Macron veut finir de siphonner ce qu'il reste de voix à droite : « Chez Pécresse, ils sont mauvais comme des cochons et le produit est mauvais mais leur technique d'envoyer des textos aux militants est pas mal. Il faut qu'on fasse la même chose, ça a du poids, ça va percoler. »

Seule Marine Le Pen continue à labourer habilement son terrain. « Elle fait une campagne très efficace, très courageuse. Il n'y en a pas beaucoup qui auraient tenu après le départ de la moitié de ses cadres. Elle tient la marée, elle rassure et elle surperforme dans l'électorat féminin », estime Christophe Castaner. Un autre abonde : « Elle s'est tellement ramollie qu'on a du mal à la contrer. »

Le piège pour Macron ? Une réélection facile et sans débat qui hypothéquerait le prochain quinquennat sur fond de défiance et d'abstention galopante. D'autant qu'un second quinquennat et ses réformes forcément douloureuses pourraient générer des secousses sociales dignes des

Gilets jaunes. « Le risque de colère est inhérent au quinquennat, pas à une élection soi-disant escamotée. Au lendemain du second tour, s'il a à nouveau la confiance des Français, Macron aura naturellement une autorité politique forte. Il aura réalisé l'impossible, être réélu, ce qu'aucun président, hors cohabitation, n'avait réussi depuis le général de Gaulle. Néanmoins, charge à nous de s'organiser pour que les autres ne s'installent pas », analyse Christophe Castaner. Les autres ? Édouard Philippe, Gérald Darmanin qui, selon certains, n'attendra pas longtemps pour aller à la présidentielle. « On va faire en sorte que le président puisse présider et ne pas être emmerdé. On ne va pas laisser une autre force dominante émerger. De toute façon, je n'ai pas l'impression que la France entière se soit levée pour adhérer à Horizons, le nouveau parti d'Édouard Philippe ! J'ai un immense respect et une grande affection pour l'homme, mais il veut une grosse part de marché et nous, on veut garder la nôtre, c'est simple. »

Macron lui-même s'est penché sur la question Philippe en empêchant début janvier la fusion d'Agir, petit parti centriste, et d'Horizons. Pas question de laisser ce dernier en position de force pour les législatives, pas question de le laisser construire un groupe trop puissant à l'Assemblée.

Deux jours après sa déclaration officielle, Emmanuel Macron s'échappe à la Lanterne. Au cœur de l'après-midi du samedi, il s'assoit à son bureau. C'est le week-end, il porte un jean, un sweat zippé bleu. Nous sommes à trente-six jours du premier tour. Face à lui, en visioconférence, la poignée de ceux qui comptent en macronie. Le président s'assoit, sourit, et lâche dans un grand cri gaullien, les bras largement ouverts : « Vous m'avez manquéééééé. »

3.

Le piège corse

« Mais non, vous ne pouvez pas faire ça, il sera trop exposé. Il va être une cible, mettez-lui des Plexiglas pour le protéger ! » s'enflamme Brigitte. La campagne sera courte, comme un « opéra rock » promettent les stratèges, il faut marquer les esprits. Pour le premier meeting, les équipes hésitent : Bercy ou La Défense Arena, qui peut accueillir jusqu'à trente-cinq mille personnes ? Aucun politique ne s'y est risqué avant, ce qui évidemment séduit le président. Mais la Première dame, effrayée par le gigantisme des lieux, craint un attentat ou une attaque contre son mari.

Au même moment, en mars 2022, la Corse s'embrase. Sur l'île, une jeunesse chauffée à blanc par certains élus radicalisés se heurte violemment aux forces de l'ordre depuis l'agression en prison d'Yvan Colonna. Cet homme que trois procès ont désigné comme le tueur d'un préfet de la République fait figure de « martyr », victime de l'État français. L'assassin s'est transformé en héros. Quatre-vingt-treize blessés, six cent cinquante cocktails Molotov en une seule journée, les affrontements sont tels qu'il faut en vitesse dépêcher des renforts de gendarmerie. Quatre compagnies de CRS sont acheminées par des Canadair, les ferrys étant contrôlés par les nationalistes. On manque aussi de munitions qu'il faudra envoyer du continent.

Macron a un rapport ambivalent au dossier corse. Plutôt ouvert au dialogue en début de quinquennat, son discours prévu pendant son déplacement en 2018 était même une main tendue aux revendications des autorités locales. Mais, ce jour-là, à Bastia, on lui montre un message diffusé dans la nuit sur un réseau social : Charles Pieri, un ancien activiste du FLNC, publie un texte abject dans lequel il compare la veuve du préfet Érignac aux femmes ayant collaboré avec les Allemands pendant la Seconde Guerre mondiale. Furieux, Emmanuel Macron réécrit dans la voiture tout le discours qu'il s'apprêtait à prononcer. « La Corse est au cœur de la République », dit-il plus tard aux deux hommes forts de l'île, Gilles Simeoni et Jean-Guy Talamoni, assis au premier rang.

Que s'est-il passé pour que quatre ans après, le chef de l'État cède aux revendications des nationalistes : le transfert en Corse des membres du commando Érignac, et surtout un chemin vers « l'autonomie » de l'île ? Le mot est une bombe politique. Pourquoi Macron a-t-il si faiblement protesté à la mise en berne des drapeaux par la Collectivité de Corse ? Sur les grilles de la préfecture d'Ajaccio – où Claude Érignac a exercé ses fonctions –, une banderole proclamant « *Gloria à tè Yvan* » (gloire à toi Yvan) est accrochée ! Les gendarmes en faction ne bougent pas. Le garde des Sceaux, Éric Dupond-Moretti, l'ancien avocat d'Yvan Colonna, est aux abonnés absents.

L'intransigeance de 2018 et le refus du rapprochement des détenus défendu par le directeur de cabinet du président et ancien préfet de Corse, Patrick Strzoda, ont disparu : à trois semaines de l'élection présidentielle, pressé par les émeutes, le président, par la voix de Gérald Darmanin, s'incline. « La situation était très tendue. Cent trente policiers ont été blessés. Une hache a été retrouvée dans les habitations des gendarmes à

Porto-Vecchio. À un moment, ce n'était plus possible », s'alarme un conseiller du ministre de l'Intérieur. « On a été très inquiets du basculement, avec un niveau jamais atteint en termes de violence. » Pourtant, comme le redoute Jean-Pierre Chevènement, « plus on fait de concessions, plus le niveau de violence augmente et l'imbécillité qui va avec ». « On leur a tout cédé, il ne leur manque plus que le *Charles de Gaulle* ! » s'emporte l'homme qui était ministre de l'Intérieur au moment de l'assassinat du préfet Érignac. Ce proche de Macron ne s'explique pas le revirement du chef de l'État.

En réalité, depuis des mois, certains poussent le président à évoluer sur la question corse : « Nous sommes plusieurs à avoir réussi à faire changer d'avis Emmanuel Macron, qui était enfermé dans une posture mortifère. Il ne peut pas être celui qui agite le bras de la vengeance perpétuelle », m'explique Bruno Questel, un député LaREM d'origine corse.

À la manœuvre pour faire plier le président, deux hommes forts de la macronie : Richard Ferrand et Christophe Castaner. L'un des intéressés confirme : « Nous avons beaucoup pesé pour apaiser, pour dire qu'il fallait donner des gages aux Corses. Si Colonna avait assassiné une petite fille et brûlé son corps après l'avoir découpé en morceaux, il serait déjà sorti. Je sais la gravité de l'acte, mais je pense que le droit commun s'applique de la même façon entre une petite fille et un préfet. La justice ne fait pas dans le symbole, elle fait dans le droit. »

Face à ce pragmatisme politique, Ferrand et Castaner se heurtent à Patrick Strzoda, le directeur de cabinet du président et « bête noire des Corses » : « Strzoda est un grand préfet, mais il a un rapport particulier à la Corse. Il considère que les autonomistes et les indépendantistes sont des voyous, et qu'ils ne sont pas légitimes pour coopérer avec eux. À chaque fois qu'il y a eu une initiative pour donner du mou à la Corse, il l'a bloquée. Donc à un moment, j'ai dit au président : "Écoute, voilà les clés du dossier corse, je ne veux plus en entendre parler" », raconte un des protagonistes.

Après l'agression d'Yvan Colonna, l'Élysée dépêche le ministre de l'Intérieur pour désamorcer le climat insurrectionnel : « Mais Gérald Darmanin n'a pas l'habitude de se précipiter sur place, il n'a pas envie de prendre des coups, comme Lecornu d'ailleurs, poursuit-il. Or il faut assumer de prendre des coups quand on est ministre de l'Intérieur ou ministre des

Outre-mer. La situation nécessitait une parole politique forte, et Gérald ne l'a pas donnée. »

Sur l'île, des manifestations contre la venue du ministre s'organisent, des réseaux corses font courir le bruit qu'il ne pourra pas descendre de son avion. Avec flair, un ancien ministre traduit : « Darmanin construit sa mythologie personnelle par rapport à Nicolas Sarkozy ; il se souvient que Sarkozy, ministre de l'Intérieur, avait failli ne pas pouvoir atterrir, la piste étant bloquée pour l'empêcher de poser le pied en Corse. Gérald a ça en tête, et comme il ne veut pas d'échec, il déclare dans une interview : “Je peux aller jusqu'à l'autonomie.” Là, les Corses se disent : c'est les rois mages, il vient avec les bras couverts d'or. »

Darmanin a le mandat du président pour lâcher le mot, mais la méthode fait bondir l'Élysée : « Il a fait ça parce qu'il voulait poser son avion ! Il a acheté la paix sociale, comme il l'a achetée avec les flics en leur accordant de ne pas payer le train ou de garder leur arme en vacances. Sur les drapeaux en berne en Corse après la mort de Colonna, il fallait le dénoncer immédiatement. Gérald ne l'a pas fait pas, il est plus rapide pour faire des tweets ! » balance l'ancien ministre.

Sur l'île, la fièvre retombe peu à peu. Le président peut se consacrer à la dernière ligne droite de la campagne. Mais Macron, féru de mise en scène de sa propre personne, ne résiste pas à ses travers premiers : c'est parti pour une websérie laudatrice et La Défense Arena, le plus grand meeting jamais imaginé !

« Après ce meeting, il faut qu'on consolide nos efforts sur Le Pen pour recliver avec elle », s'énerve un Macron ombrageux lors d'un déjeuner à quelques jours de l'évènement de La Défense. « Faites gaffe à Le Pen, cingle-t-il encore, il faut marteler "Marine égal Poutine". Sa proximité avec Moscou, Zemmour l'a payée cash dans l'opinion, elle non. Il faut aller la chercher sur ses financements, son emprunt russe. »

Pour la première fois, grâce aux électeurs de Zemmour, la candidate RN a des réserves de voix en vue du second tour. « Ça finira en tandem, cette affaire », affirmera-t-il quelques jours plus tard. Comme une façon de rediaboliser celle qui a gagné six points en dix jours. Idem sur les mesures économiques : « La prime de six mille euros, moi, je peux le faire tout de suite. La mère Le Pen, non, elle n'aura pas de parlement. »

Autour du chef de l'État, le Premier ministre, Alexis Kohler, Ismaël Emelien, les ministres Gabriel Attal, Julien Denormandie et Sébastien

Lecornu, ainsi que quelques conseillers. Le président poursuit : « Sur McKinsey, on est mauvais comme des cochons, les enfants ! Il faut une riposte très claire. Trouver le montant des consultants du Sénat, de la Région Île-de-France, ceux de Radio France, de France Télévisions. Il faut faire de la politique ! »

« Maintenant, on doit me voir en campagne. Il faut du terrain. Je vais être très clair : il faut qu'on gagne la présidentielle et il faut qu'on gagne les législatives, donc on se bouge les enfants ! » Quelques mots ensuite sur le soutien de Jean-Louis Borloo, que l'ancien ministre s'apprête à donner au président. Faut-il insister plus, « faire monter la sauce » ? Réponse liminaire du chef de l'État : « Non, Borloo, c'est un type qui surinfecte les plaies, on ne le met pas en avant. Je veux des nouveaux visages. » « Bon et Willy Schraen [le président des chasseurs français], on l'a bien turluté ? »

La réunion dévie sur le futur meeting. On fait écouter au président la musique de l'événement : « Non, non, il faut plus de cuivres, et du piano là aussi ! Un DJ va sécuriser tout ça, OK, mais le hip-hop, vous êtes sûrs de vous ? » Et le nombre d'inscrits ? « On fait tapis sur cet événement, donc on y va à fond. Les députés, c'est pareil, ils doivent se sortir les doigts et ramener des gens. Après, ils vont chouiner dans les médias, "on ne voit pas le candidat". Je vous préviens, j'aurai la liste de tous les députés qui n'auront ramené personne. Et les diffusions médias ? On multiplie les plateformes en ligne pour contourner les règles », assène le président.

« Bon, et en télé, le temps de parole des ministres, comment ça se passe ? Vous avez mandat pour défoncer qui vous voulez », exhorte le « chef » à son équipe. C'est un des casse-tête du moment : empêcher les membres de la majorité d'aller sur les plateaux afin de sauver du temps de parole pour le président candidat. Il faut également gérer les ego des uns et des autres : qui envoyer débattre devant les syndicats enseignants ? Pas Blanquer, il est « détesté de tout le monde », pas Attal qui rêve du ministère de l'Éducation nationale, ce serait trop flagrant.

Et puis, il faut être aux aguets, agile, tout en verrouillant les prises de risque : après le débat Potemkine de Poissy, une matinale à quelques jours du premier tour focalise l'attention de l'équipe. Excès de zèle ou décision délibérée, le matin de l'interview, des militants à qui des questions ont été données appellent le standard de la radio. L'idée est que le candidat puisse être interrogé par ces « auditeurs » sur des thèmes précis comme la rémunération des enseignants ou le moment le plus émouvant du quinquennat à ses yeux.

Enfin, comment redonner du souffle à cette campagne hors normes ? Un des conseillers du président lui suggère d'aller à Kiev et pourquoi pas entre les deux tours. La réponse d'Emmanuel Macron fuse : « Non, je n'apporte rien, je vois pas à quoi ça sert de serrer la louche de Zelenski. De toute façon, pour l'instant, le père Poutine ne va pas bouger. » Après s'être tant démené, le chef de l'État ne veut pas aller à Kiev sans offrir de réelles avancées pour la paix.

Finalement, Macron se décide. Ce sera *ce* meeting géant, pensé comme une superproduction : « Je veux un truc comme un événement sportif, charnel, vous voyez ? » Dans l'immense salle, la gorge serrée d'une écharpe, le président tourne sur lui-même au milieu de la fosse vide. « Ça commence, et là, bam, tac ! Brigitte débute son discours ! » plaisante le chef de l'État en apercevant son épouse avancer dans l'Arena. « Ça va, chérie ? lui glisse-t-il en l'enlaçant, tu vois les écrans ? Il faut jouer avec, refaire la cavalcade de 2016 à aujourd'hui. » « Ça, c'est bien », approuve Brigitte. Comme toujours, il y a elle, et le reste du monde.

4.

Vertiges

« Quand on met quelqu'un de pas très beau à coté de quelqu'un de très, très moche, le premier devient regardable ». La voix de centaure matinée de nicotine d'Éric Dupont-Moretti se fait cinglante en évoquant Marine Le Pen et Éric Zemmour. « C'est pour ça que je me mets toujours à coté de Lecornu ! » plaisante même Gérald Darmanin. Quelques rires fusent. « Macron est jeune, il est beau, il est stratosphérique, poursuit le ministre de la Justice, c'est pour ça qu'il n'est pas aimé ».

Dans cette salle aveugle au rez-de-chaussée du QG de campagne rue du Rocher, les mines sont longues, les regards fuyants. Placés militairement autour d'une table en U, on reconnaît les plus récentes prises de guerre du macronisme : Manuel Valls, que Richard Ferrand vient de saluer en introduction, l'ancienne ministre socialiste Marisol Touraine, le sarkozyste Éric Woerth, le maire de Nice Christian Estrosi et l'ancien Premier ministre Jean-Pierre Raffarin. « Il faut arriver à apaiser la haine, Macron est le meilleur et ça cause de la solitude, de la jalousie, théorise Raffarin, il y a eu tout sauf VGE, tout sauf Sarko et maintenant, on est sur tout sauf Macron ».

Dans moins d'une semaine les Français votent, et tous les sondages convergent : l'extrême droite pourrait arriver le plus légalement du monde au pouvoir. En quelques jours, les dynamiques se sont inversées, la tortue Le Pen s'est faite lièvre. Alors il faut mordre, sans attendre. « On doit répéter que ce qu'elle propose sur le pouvoir d'achat est moins disant. Aux électeurs de droite, il faut dire que c'est la ruine, que c'est Madoff, et à ceux de gauche, il faut dire que c'est Trump et la Russie » martèle le porte-parole du gouvernement Gabriel Attal.

Pourtant, il y a tout juste cinq ans, c'est un Macron triomphant qui claironnait devant la pyramide du Louvre que son mandat dissuaderait les Français de voter pour les extrêmes. Un quinquennat plus tard, à coups de veste pastel et de caresses à ses chats, la féroce tranquille se campe en petite mère du peuple face à ce président qui n'est pas aimé. Marine Le Pen a tiré profit de la radicalité de Zemmour, il l'a recentrée, le pouvoir d'achat l'a crédibilisée. L'effroi n'est plus. L'extrême droite n'a jamais été aussi proche du pouvoir. Et ce scrutin pourrait déboucher sur un risque démocratique majeur. Le vertige saisit le pays.

Finalement, sans passion, la raison l'emporte. Élu par effraction il y a cinq ans, Emmanuel Macron devient à 44 ans le premier président sortant, hors période de cohabitation, reconduit.

Comment cet homme pressé, ivre de succès, de vitesse, haï comme aucun président avant lui, a-t-il pu reconquérir les Français après un tel mandat de tempêtes ? Cette réélection a en réalité été minutieusement préparée.

5.

Les jours fragiles

Printemps 2021

C'est un matin froid, entre deux saisons. Elle porte de drôles de chaussures, plutôt inappropriées pour l'occasion, des bottines au bout pointu dont les talons immenses sont couverts du cuir fauve monogrammé de cette marque qu'elle affectionne. Décalé, ostentatoire ? Cela m'interpellera tout au long de la journée. Juchée sur des jambes si minces, Brigitte Macron, casque blond et yeux rieurs, silhouette comme à l'accoutumée sculptée, maîtrisée, vient d'arriver au bras de son mari dans les jardins des Invalides. Elle salue sobrement François Hollande, plus chaleureusement Nicolas Sarkozy qui, ruse du protocole, est placé à la gauche du chef de l'État, Hollande étant à sa droite.

Nicolas Sarkozy a débarqué quelques minutes plus tôt, cheveux blanchis, traits tirés, mais l'épaule plus tressaillante que jamais. À peine une semaine depuis sa condamnation à trois ans de prison ferme dans le procès des écoutes, et dans quelques jours, ce sera le procès Bygmalion. Lui que seul le mouvement apaise, le voilà enchaîné à ce calendrier judiciaire qui obère ses plans. Il fait bonne figure, salue sa complice Anne Hidalgo, puis tape le poing de Gérald Darmanin. Dans quelques heures, il va retrouver deux autres figures de la droite, François Baroin et Christian Jacob, pour un déjeuner dans ses bureaux de la rue de Miromesnil. « Si c'est Sarko, c'est le chaos », ce mantra d'un hypothétique retour au cas où le pays sombrerait, y croit-il encore, cerné par les juges et les affaires ? Plus tellement, en réaliste qu'il est. Mais difficile de faire disparaître son obsession : laver l'affront de sa réélection manquée.

Macron ? « J'ai la clé de son échec ou de son succès l'année prochaine », assène-t-il parfois à son entourage en ce mois de mars 2021. En privé, il est sévère sur une gestion de crise qu'il juge erratique. Pourtant, une alliance dans quelques mois n'est pas à exclure. Entre Macron et lui, c'est une histoire compliquée, cimentée avant tout par l'acrimonie contre François Hollande. Macron le ménage, lui souhaite chaque année son anniversaire, le prévient quand il nomme préfet l'un de ses proches. Il s'en méfie aussi. N'a-t-il pas cru un temps que c'était lui, Nicolas Sarkozy, qui faisait courir des rumeurs dans Paris sur sa vie privée ? Quand ils se voient, l'actuel président l'interroge souvent sur le candidat de la droite pour 2022. Pas simple dans une famille au goût immodéré pour l'anthropophagie. Pour Sarkozy, personne de crédible ne se dégage. Bertrand ? Pas l'étoffe. Pécresse ? Elle n'aurait jamais dû quitter le parti. Retailleau ? Ce n'est pas sa droite. Selon lui, seuls deux scénarios sont possibles : soit être lui-même candidat, soit amener la droite à Macron en tirant les ficelles du futur gouvernement. « Il tient un raisonnement de joueur de poker », glisse un élu. Un pacte faustien qui ne déplairait pas au stratège Macron.

La cérémonie d'hommage aux victimes du terrorisme débute, au pied du dôme étincelant des Invalides. Le soleil peine à perforer les branches nues des arbres. Un tapis de feuilles sombres recouvre le sol humide.

Emmanuel Macron porte sous un discret fond de teint le masque de gravité qui sied à l'occasion.

Face à une victime, un militaire en fauteuil roulant, il s'agenouille. Facilement tactile, le président pose sa main sur la jambe du blessé. De sa manche dépassent des boutons de manchette à l'effigie de Marianne.

Le protocole m'a placée dans la tribune officielle, à quelques rangs du chef de l'État. Je les observe de dos, Sarkozy, Macron, Hollande, Hidalgo, les déchus et les déçus, comme un lever de rideau sur cette course furieuse à la fonction suprême. Lequel conquerra l'Élysée l'année prochaine ? Le futur président a de grandes chances de se trouver dans ce premier rang de personnalités. Au moment où une aria de Haendel s'élève, le faible soleil de mars fait une percée. Un souffle de printemps qui chasse le brouillard encore blanc de l'aube.

Emmanuel Macron a voulu une cérémonie différente, d'ailleurs il ne s'exprimera pas. Chloé Bertolus, la chirurgienne qui a réparé le visage de Philippe Lançon, lit des passages du *Lambeau*, le témoignage du journaliste défiguré lors de l'attentat à *Charlie Hebdo* : « Il n'est pas facile d'être un survivant, partagé entre le bonheur d'être là et la culpabilité d'être passé à travers. Et après, comment passe-t-on de survivant à vivant ? » Les officiers de sécurité se tiennent droit dans la lumière du matin.

Quelques minutes et l'hommage s'achève, vite il faut repartir. « Calme-toi ! C'est le cortège du PM, pas du PR », crie une conseillère de l'Élysée à son adjointe alors que les voitures officielles démarrent en trombe. Le contexte terroriste est lourd, les agents des services sur le qui-vive. La même, à qui je demande comment va le chef de l'État : « Il en a ras le bol ! On essaie de faire autre chose que le virus, mais il n'y a que ça qui intéresse les médias, rien n'imprime. D'ailleurs, ils sont coupables d'alimenter ce climat anxiogène. »

Direction Dammartin-en-Goële, l'imprimerie où a pris fin en 2015 la cavale des frères Kouachi après le massacre de *Charlie Hebdo*. Mais, avant, Macron, bridé depuis des mois par le contexte épidémique, veut faire plaisir à Richard Ferrand. Et renouer avec ces impromptus qu'il affectionne. « Tu peux t'arrêter à l'Assemblée ? Il y a une exposition que je veux te montrer sur les grilles », lui glisse le président de la Chambre. Les voitures filent, les premiers rayons de soleil s'écrasent sur la pierre haussmannienne des boulevards, puis elles pilent devant la Seine. Et sous l'œil des passants médusés, Brigitte et Emmanuel font quelques pas.

Comme à son habitude, il ne la lâche pas. Toujours ces mains qui se cherchent comme des amoureux du premier jour. Il la tient par les doigts, la taille, et même l'air pénétré par les explications de Richard Ferrand, il n'a de cesse de caresser le dos de son épouse. Il est loin le temps des sarcasmes sur leur quart de siècle d'écart, loin le temps où la fille de Brigitte lui disait un soir : « J'ai un fou dans ma classe qui sait tout sur tout. » La suite est connue, une folle promesse fait à l'âge le plus ardent.

Depuis 2017, c'est le temps de la reconnaissance d'une France sentimentale. Lui dit qu'il ne serait jamais arrivé là sans elle. Quand l'agenda les empêche de se voir, ils s'appellent, jusqu'à dix fois par jour. Elle le répète souvent : « Les gens ne le comprennent pas, mais on a besoin d'être ensemble. » Ses premiers jours à l'Élysée, ses doutes, elle les a confiés : « Lui, il était président tout de suite, moi, j'étais plus angoissée, comment vais-je faire ? »

Vite, le cortège repart, il faut courir, s'engouffrer dans les berlines qui roulent parfois portes encore ouvertes sur la chaussée détrempée par une pluie d'orage. Dammartin-en-Goële, cette imprimerie de banlieue, théâtre de l'assaut meurtrier des forces de l'ordre, est devenu un mausolée du drame qui s'y est déroulé. Ici, le placard où, pendant plusieurs heures, un employé s'est caché ; là, des impacts de balles scellés dans le plâtre d'un mur ; là, une image de bande dessinée : « Ça, c'est blasphème ! » avait hurlé un des frères Kouachi à Michel Catalano, le patron des lieux. Et puis dehors, sur le parking, une R5 criblée de balles que Catalano se refuse à enlever.

« J'arrive ici tous les jours le ventre noué. Je veux me souvenir pourquoi », dit l'homme, calme et grave. Macron l'écoute. « Nul ne sait dire ce qu'il aurait fait ce jour-là, lâche le chef de l'État, il a été d'un courage extraordinaire pour sauver son salarié, son équipe, sa famille. » Le président n'a pas voulu de presse pour ce moment particulier. Il m'aperçoit, décoche un clin d'œil et un sourire que l'on devine sous le masque. Brigitte, toujours perchée sur ces drôles de talons, est collée à son bras. De nouveau, il caresse son dos, prévenant, attentif. Il y a vingt-cinq ans, elle a fait le choix le plus transgressif qui soit, à une époque où l'avenir d'une femme se résumait à celui de son mari, une époque qui condamnait Gabrielle Russier à se donner la mort pour aimer un de ses élèves. Trente ans plus tard, le « fou » est devenu le plus jeune président de la Ve République. Aujourd'hui, ils puisent dans la violence subie au début de leur histoire une force qui induit une relativité du politique. Et cet homme entouré d'hommes, dont le regard ne se perd jamais sur une autre, est celui d'une seule femme, Brigitte.

6.

(Des) confinements

« Il y a un an, vous m'avez reproché de ne pas avoir employé le mot "confinement", et il a fallu que Castaner le sorte juste après mon intervention ! Je n'aime pas ce mot. Là, il n'est pas adapté. » Le 19 mars 2021, le président, un brin agacé, répond à ma question sur le refus d'employer le mot de « confinement » la veille par le Premier ministre. La nuit précédente, le couperet est tombé : un mois de restrictions pour vingt millions de Français. Il y a encore quelques jours, Gabriel Attal parlait pourtant d'un retour à la normale dès la mi-avril, mais voilà que le virus, de nouveau, se joue des velléités politiques. Le président n'aime pas ce mot qui suinte l'angoisse et l'impuissance.

« “Confinement” n’est pas adapté à la stratégie présentée hier. Ce qu’on veut, c’est freiner le virus sans enfermer, ce n’est pas être confiné », poursuit le président. Il s’adresse à moi au beau milieu de la salle des Fêtes de l’Élysée. En quatre ans, les lieux rouge et or ont beaucoup changé : les moquettes et les lourdes tentures grenat remisées, les peintures refaites, le tout dans un gris perle apaisant. Dans un coin, oublié, un immense Steinway à queue, vestige de l’apparat des fêtes d’antan, interdites depuis des mois. Dans ce Palais, les pièces disent les époques qui se sont succédées, les salons Régence aux stucs délicats, le Salon d’argent de style Empire où Napoléon a abdiqué, le Salon doré, cette salle des Fêtes au pompeux style IIIe République. Même les poignées de bronze portent encore l’aigle impérial accolé au RF de la République française. « Il y a peu d’endroits aussi beaux dans le monde. Mais il ne faut pas s’y abriter, en faire un lieu d’enfermement des bruits de la rue », disait François Hollande.

Le palais bâti pour les plaisirs du comte d’Évreux, où flotte encore le parfum des scandales de la IIIe République, traîne depuis toujours une réputation sulfureuse. « Palais à femmes », disait de Gaulle pour qui l’histoire frivole des lieux ne correspondait pas à la majesté qu’il souhaitait donner à la République. Des salons en enfilade, des chambres de bonne exiguës, une succession baroque de bureaux, rien n'est fait pour l'efficacité du travail.

Comme les Pompidou, les Macron ont fait ici le choix de l'art moderne. « Le président veut que ce qui se passe à l'extérieur se voie à l'intérieur. Il pense que si on craint l'art, on ne fera pas bouger la société », explique Pierre-Olivier Costa, un ancien du centre Pompidou aujourd'hui directeur de cabinet de Brigitte Macron. Le chef de l'État a ses œuvres fétiches : la Marianne du *street artist* Shepard Fairey qui l'accompagne depuis la campagne, un Soulages et puis quelques œuvres personnelles, une acrylique d'Henri Michaux qu'il a achetée plus jeune. Le couple a aussi choisi des Picasso pour le salon Pompadour, au rez-de-chaussée du Palais, où trône également *La Femme au miroir*, une tapisserie monumentale de Joan Miró. Macron assiste à chaque accrochage d'une nouvelle œuvre, c'est un de ses plaisirs.

La veille, le bras de fer avec Matignon et le ministère de la Santé a été rude. Eux voulaient des restrictions lourdes, le chef de l'État, convaincu que les Français n'en peuvent plus, s'y est opposé. « Il a fallu se battre des heures avec la Santé rien que pour leur arracher une heure de report du couvre-feu ! » me lance un conseiller, exaspéré par ces batailles incessantes.

Le goût du risque qu'affectionne le chef de l'État et l'excès de précautions qui imprègne ceux qui gèrent cette crise ne font pas bon ménage. Depuis le matin, la presse l'accuse d'avoir perdu son pari : ne pas reconfiner contre l'avis du monde médical, « une reprise en main du politique », se réjouissait son entourage. Mais à peine quelques semaines après s'être affranchi de la tutelle des blouses blanches, il lui faut se résoudre à faire marche arrière. Lui qui voulait à tout prix tenir cette ligne, le voilà accusé d'avoir risqué des vies. Huit à dix mille personnes sont mortes depuis janvier.

Pire, le chef de l'État se retrouve, un an tout juste après l'annonce du premier confinement, avec une épidémie qui s'emballe de nouveau, des soignants à bout de souffle et sans vaccins, l'AstraZeneca étant suspendu depuis deux jours. Symboliquement, le tableau est dévastateur. Dans l'opinion publique, la sidération a laissé place à la lassitude. Les vies réduites s'enfoncent peu à peu dans une tristesse collective.

Finalement, comme dans une tragédie où on choisit la moins mauvaise solution, Macron opte pour que restent ouverts les écoles, les transports, les institutions fondamentales de la vie commune.

« Garder les écoles ouvertes ? J'y passe toutes mes nuits », me glisse Jean-Michel Blanquer, comme en écho à la fatigue qui l'a enveloppé quelques instants plus tôt dans la salle des Fêtes. Dehors, un soleil glorieux illumine l'émeraude des arbres et celui, plus tendre, de la pelouse mal tondue, un peu sauvage, bordée d'allées écrues et sableuses. Noyées dans un dernier voile de brume, on devine au loin la roseraie, la ligne régulière des platanes et des marronniers et, au fond du parc, le bassin à jets.

Je les observe, Roselyne Bachelot et lui, le ministre de l'Éducation nationale, assis de part et d'autre du chef de l'État, commençant à s'assoupir en plein discours de ce dernier sur le « français rabelaisien qui trouve son épicentre dans le bassin de Ouagadougou ». Sous le plafond écrasé par les dorures et les lustres à pampilles, la ministre de la Culture semble fatiguée, d'ailleurs ça y est, sa chaussure glisse de son pied ; tête baissée, elle s'abandonne et cède au sommeil.

Le virus vampirise tout, rattrape tout ; la ministre du Travail, Élisabeth Borne, est hospitalisée depuis plusieurs jours ; Roselyne Bachelot, justement, le sera le lendemain. Elle a pourtant reçu une première injection de vaccin en début de semaine.

Dans une heure, ce sera le tour de Jean Castex, ce drôle de Premier ministre à l'air souvent ébahi et à l'incantation très IIIe République. « Toutes ses chemises se remontent jusqu'aux épaules », s'amuse un conseiller, en référence au vestiaire pas très parisien de Castex et aux commentaires élogieux sur les biceps musclés d'Olivier Véran, découverts lors de sa vaccination.

Au sein du gouvernement, après des mois de lutte âpre, le climat s'est finalement apaisé entre les ministres économiques opposés à la fermeture des commerces, et les sanitaires qui alertent sur les dangers de la pandémie. Olivier Véran, ancien élu local, n'ignore pas l'enjeu économique ; Bruno Le Maire, frappé durement par le Covid, entend l'alerte sanitaire. Macron l'hypermnésique lit tout, retient tout, et dans le huis clos du Conseil de défense pousse souvent Véran dans ses retranchements pour tester la fiabilité de ses scénarios. Parfois jusqu'à laisser jaillir une noire colère, quitte à écrire un mot d'excuses à son ministre de la Santé le lendemain. Combien l'ont entendu dire, cinglant : « Ton truc, là, ça ne marche pas ! » Ou, comme en début d'année : « Vous me faites chier, je ne confine pas ! » Il n'est pourtant pas l'homme d'un emportement bruyant, plutôt d'un agacement, d'une dureté dans le regard.

L'Élysée essaie de faire « autre chose que du virus », d'où cet évènement dans la salle des Fêtes où je me trouve pour la journée de la Francophonie. Avec Leïla Slimani et Erik Orsenna, on parle langue française, rayonnement international. Politique aussi : le secrétaire d'État Jean-Baptiste Lemoyne m'interroge sur 2022. Anne Hidalgo et les Verts réussiront-ils à faire alliance ? C'est la grande affaire du moment à gauche. « Et Hollande ? Tu en penses quoi ? Ça pourrait le faire ? » me demande celui qui est ministre d'Emmanuel Macron. Prise de court par cette analyse sur les chances de l'ancien président, il me faut quelques minutes pour comprendre : Jean-Baptiste Lemoyne, ancien LR passé chez Macron, vit avec la sénatrice socialiste Frédérique Espagnac, ardent soldat de François Hollande… Décidément, la politique et les affaires de cœur…

Emmanuel Macron paraît las. Ses mains reposent l'une sur l'autre, ses doigts aux ongles très courts noués, entremêlés, la même posture qu'affectionnait François Mitterrand. Comme souvent quand il semble plongé en lui-même, il joue machinalement à faire tourner ses alliances, main droite, main gauche, en caressant doucement l'or fin. Assis dans un costume qui l'engonce, le tissu tendu sur des cuisses qui ont visiblement un peu forci, il se lève, le pantalon bloqué au-dessus des mollets. D'un geste agacé, il rabat l'étoffe aux chevilles, et malgré le Covid, touche, attrape l'épaule des quelques participants, lance un coup de coude à Erik Orsenna.

« Saxifrage, mais je l'ai déjà dit. » Puisque nous sommes ici pour parler de langue française, j'interroge le président sur son mot favori, lui l'habitué des vocables oubliés qui travaille toujours un dictionnaire Larousse à portée de main. « Parménidienne », « théodicée », autant de termes qu'il glisse parfois en interview sous l'œil interloqué de son interlocuteur. Plaisir du provocateur. « La langue est politique. Toujours. Regardez, au moment du Brexit, on se remet tous à parler anglais. Quelle absurdité ! » ironise-t-il.

Saxifrage ou perce-pierre, une herbe connue pour s'installer dans les fissures des rochers. Elle y naît puis s'y déploie, tel le végétal qui se fraie un chemin au cœur du minéral. Saxifrage, une promesse d'effraction comme une métaphore de l'action de ce jeune président qui règle ses dossiers à coups de SMS et dont le téléphone portable est une salle d'attente.

Pendant cette crise, le chef de l'État aura de toutes ses forces tenté de se faire obéir de la montagne bureaucratique qui manifestement ne répond plus. Un pays otage de sa haute administration, omnipotente et omnisciente.

Un seul exemple ? La dernière attestation, sortie de l'imagination sans fin des meilleurs technos du pays : un document de plusieurs pages où sont recensés quinze différents motifs de sortie qu'il faut cocher selon l'heure, l'endroit ou même les animaux de compagnie que l'on promène ! Matignon et Beauvau se sont surpassés ! Quand il la découvre, Macron est atterré. Elle est remplacée par… quatre nouveaux certificats ! Il y a un an, la toute première attestation était une copie de l'italienne. « On l'a imprimée et on l'a traduite nous-mêmes pour aller plus vite », raconte un fonctionnaire de Beauvau. Quelques semaines plus tard, c'est sur le pass sanitaire européen et la vaccination des plus de douze ans que Macron s'emportera : « Il faut être fada pour emmerder les gens comme ça ! »

Mais il a beau taper du poing sur la table du salon Murat où se tient le Conseil de défense, rien n'y fait, l'absurdie se poursuit. La puissance de la mâchoire administrative domine même le pouvoir suprême. « Pourquoi imposer une consultation médicale avant le vaccin ? Faites-moi sauter ça ! » exige-t-il début janvier 2021. Quelques semaines plus tard, aux premiers jours de mars, il lance aux membres du Conseil qui tente de l'alerter sur l'emballement de l'épidémie : « Vous êtes gentils, tant que vous avez des vaccins dans les frigos, je ne reconfinerai pas les gens. » C'est une constante depuis le début de la crise, les commandes ne répondent pas, ou mal. Entre les décisions du chef et leur exécution, il y a de la déperdition.

« Il faut vivre avec le virus. Je le dis depuis un an, sans fatalité », me dit-il dans la salle des Fêtes. Moins de dix jours plus tard, et alors que l'épidémie poursuit sa course galopante, le président, acculé par l'asphyxie des hôpitaux et les morts qui se comptent par centaines chaque jour, s'adressera solennellement aux Français : les écoles seront fermées, les déplacements interdits. Le troisième confinement est décrété sans que le mot sorte de la bouche du chef de l'État. Pourtant, m'expliquera-t-il par la suite, « je me suis toujours fixé une ligne : protéger les Français. À partir du moment où le confinement était nécessaire pour sauver des vies, je n'ai pas hésité ».

Une bureaucratie à l'imagination sans limite, un exécutif ballotté par les événements, une industrie pharmaceutique ridiculisée, le pays à la meilleure médecine du monde blessé dans son orgueil, décidément la gestion de cette crise et son chapelet d'échecs pèseront en 2022. « Il décide de tout, tout seul », entend-on souvent dans la bouche de ses proches. Lui qui depuis 2017 a restauré les pleins pouvoirs des présidents de la Ve République, bousculé les corps intermédiaires et mené sa majorité à la baguette, le candidat de l'horizontalité, de la société civile, du participatif est, depuis la pandémie, le président de la verticalité, une gouvernance de technos et de hauts fonctionnaires.

La crise pousse à son paroxysme une logique institutionnelle où un homme seul tient le destin de tous entre ses mains. Sera-t-elle un piège, cette personnalisation à outrance du pouvoir auquel il se prête, jusqu'à laisser dire qu'il serait « le meilleur épidémiologiste de France » ? Elle peut accroître le risque de sanction électorale. D'autant qu'il y a en France « soixante-six millions de procureurs », comme il l'a laissé échapper, amer.

Qu'a-t-il appris de lui-même justement, depuis 2017, sur la solitude du pouvoir ? « Il existe moins une solitude du pouvoir qu'une solitude de la décision. Vous n'êtes en effet jamais seul : vous avez un gouvernement, une majorité, des conseillers, vous vous nourrissez au contact des Français. En revanche, et la tradition française crée cela, les décisions les plus difficiles n'appartiennent qu'à vous, parce qu'à la fin, vous êtes le seul responsable. Il faut donc toujours veiller au préalable à associer largement, écouter des points de vue différents, se nourrir à la source de la science, saisir les pulsations de la Nation. Il faut aussi, sans doute, chercher à ouvrir davantage la décision. Au président de la République de donner les grandes orientations. À la Nation, représentants élus, forces vives, citoyens, de les décliner opérationnellement et localement. Il y a une méthode démocratique nouvelle à inventer. »

Avoir réussi à sortir seul de la crise des Gilets jaunes grâce au Grand Débat l'a conforté dans l'idée qu'il n'a besoin de personne. C'est seul qu'il est sorti de la colère inouïe du peuple, seul qu'il gère la crise sanitaire. Selon lui, la politique passe par la séduction, mais comment être un candidat désirable si on se campe en président anxiogène ? Le réel percute tout, déroule sa longue traîne de morts et envahit les esprits. En 2020, la pandémie pétrifiait le pays, aujourd'hui, elle le vampirise. Après la peur et l'anxiété, les brefs retours à la vie normale, les espoirs vite abandonnés, un abattement poisseux tombe peu à peu. De confinements en couvre-feux, l'usure a remplacé le vertige de l'inconnu. Et malgré la jeunesse, le dynamisme de ce jeune président, son quinquennat n'aura été que désordre, fracas et peur.

7.

Eaux troubles

« Mais qu'est-ce que tu crois ? Il y pense matin, midi et soir, à être président ! À vingt ans, il me saoulait déjà. Il a ça chevillé au corps depuis toujours, même s'il le cache très bien ! » Damien Loras, une des belles gueules de la sarkozie aujourd'hui exilé au Brésil, est un proche d'Édouard Philippe depuis trente ans. Ils se sont connus étudiants, ont été colocataires, et sont parrains respectifs des enfants de chacun. Damien était là quand celle qui allait devenir l'épouse d'Édouard Philippe passait ses premières nuits dans leur appartement d'étudiants. Il était là quand, Premier ministre en déplacement officiel au Brésil, Édouard Philippe se laissait aller, grisé par le rhum, à des plaisanteries grivoises. Il est aussi là pour le pot de départ de son ami de Matignon.

Il fait doux en ce mois de juillet 2020. Après un confinement très dur, mais que l'on croit être le dernier, flotte un air de libération ; Paris s'égaie. Et quelle que soit la saison, les jardins de Matignon sont les plus beaux de la capitale. Ce jour-là, fidèle à son humour caustique, Édouard Philippe porte des boutons de manchette en forme de tongs, offerts par Damien justement. Les conseillers naviguent entre les salons du rez-de-chaussée aux baies ouvertes sur les pelouses. Soudain, Emmanuel Macron passe une tête. Il salue d'un grand sourire Damien Loras : « Vous ne me reconnaissez pas ? lance malicieusement le président. Vous étiez mon professeur à Sciences Po ! »

À quoi pense-t-il, ce Premier ministre que personne n'attendait en quittant le faste de ce bureau où il a passé ses jours et ses nuits depuis trois ans, où les soirées s'étiraient au rythme des dossiers arides, des fraises Tagada englouties entre deux rasades de Corona, où jamais le doigt ne cessait de battre la mesure du rock sans lequel il ne travaille pas ?

La veille, juste après 20 heures, il rentre de l'Élysée. Dans son bureau, sa garde rapprochée, Gilles Boyer, Thierry Solère, Benoît

Ribadeau-Dumas, Xavier Chinaud. Dans l'escalier, celui qui est encore Premier ministre fredonne. Puis il s'isole avec son directeur de cabinet. Des éclats de rire fusent. La bande s'impatiente quand soudain Édouard Philippe apparaît : « Salut les filles, vous attendez quelque chose ? » Mais les plaisanteries sont interrompues par une sonnerie. Sur son bureau, c'est la ligne de l'Élysée qui clignote. Au bout du fil, Alexis Kohler. Une fois l'échange terminé, le Premier ministre se tourne vers la bande :

« Vous allez d'abord individuellement me promettre de ne pas répéter ce que je vais vous dire. J'ai donné ce soir au président la démission du gouvernement, il l'a acceptée mais on ne l'annoncera que demain. Et pour le reste, je ne sais pas.

– Mais il t'a dit qu'il te renommait ? demande l'un d'eux.

– Je ne sais pas. »

Puis Édouard Philippe s'éclipse pour un dernier dîner dans les jardins de Matignon avec son épouse et ses trois enfants.

Les semaines qui suivront seront mal vécues par l'ancien Premier ministre. Pas un message, pas un mot du président, jusqu'à ce que des proches disent à Emmanuel Macron : « Appelle-le, il est en train de se froisser. » Depuis son départ, leurs rapports sont fluctuants. Ils ne se sont pas vus pendant plusieurs mois. Car si les formes ont été préservées, le divorce a bien eu lieu. Un divorce tranché par Emmanuel Macron, sans états d'âme « mais avec beaucoup d'élégance », dira plus tard Édouard Philippe. Jusqu'au bout, Alexis Kohler a penché pour son maintien à Matignon. D'autres, François Bayrou, Jean-Michel Blanquer, militaient contre. Finalement, ce sont les sondages qui ont achevé de convaincre l'Élysée : la popularité du Premier ministre ne saurait dépasser durablement celle du chef de l'État. Et la raideur de Matignon commençait à être perçue comme un frein à la volonté présidentielle.

« Édouard aime l'État. Il aime la "poloch", comme il dit, et donc l'exercice de l'État, pour lui, c'est somptueux. Oui, il aurait voulu rester. Il est parti avec de la tristesse, mais beaucoup de lucidité. Le président voulait, après ces crises, après les municipales, une nouvelle étape pour le quinquennat », analyse son proche Thierry Solère, « son frère », précise-t-il. Après avoir été celui du Premier ministre, Solère est aujourd'hui conseiller d'Emmanuel Macron. Il représente « un bout d'Édouard Philippe » au Palais, comme l'a joliment décrit le président lors de la remise de la Légion d'honneur à son ancien

Premier ministre. L'homme est un conseiller de l'ombre, spécialiste des coups de billard à trois bandes, ancien filloniste élu député LaREM dans la fournée de 2017, un « conseiller en trahison » dit méchamment Éric Ciotti.

Depuis son départ de Matignon, chassé sans l'avoir voulu, Philippe pense avoir acquis un droit à la liberté. Il est le politique le plus populaire de France. « Je n'ai pas lâché la politique », affirme celui qui, quelques mois plus tard, lancera son propre parti, Horizons, tout en assurant son soutien à Emmanuel Macron pour la présidentielle. « C'est un orgueilleux, il ne me trahira jamais », se rassure le président auprès d'un intime. Macron et Philippe n'ont jamais été proches. Depuis le départ d'Édouard Philippe de Matignon, le lien ne s'est pas rompu, mais il s'est distendu, à tel point qu'il arrive au chef de l'État de passer par Bruno Le Maire ou Gérald Darmanin pour demander de ses nouvelles.

Beaucoup à droite le voyaient comme une « piste » pour 2022, à l'instar de Jean-François Copé : « Vu l'état de nos ressources humaines, il n'est pas indispensable de fermer des portes », a plaidé le maire de Meaux au bureau politique des Républicains. Et puis, miracle de la politique, oubliée l'image du techno rigide face aux

Gilets jaunes ou inflexible sur la réforme des retraites. Il n'est plus au pouvoir, les Français le perçoivent comme un homme compétent, drôle et distingué. Il parle jazz, foot, séries télé, loin de la crise sanitaire ou des batailles sur l'islamo-gauchisme, une posture tout en ambiguïtés et en sous-entendus, sans jamais sortir des clous. Un élu local, proche des Français, ferme dans ses convictions, là où Macron paraît parfois se couper du pays réel et louvoyer au gré des circonstances et des publics.

Édouard Philippe n'en a pas fini avec la politique. Il pense que ces trois années ne l'ont pas abîmé. Dès ses premières semaines à Matignon, il disait d'ailleurs : « On ne sort pas automatiquement en lambeaux de Matignon. Michel Rocard n'est pas sorti en lambeaux, Fillon non plus. » Édouard Philippe, pas encore une nouvelle puissance sur l'échiquier mais déjà un homme à son compte. Et pour l'heure, le charme opère.

Officiellement, ces velléités n'inquiètent pas l'Élysée, d'autant que le maire du Havre jure que jamais il ne sera Brutus. Mais « l'assurance qu'il ne fera rien contre nous, on ne l'a pas », abonde un conseiller. « Il sait ce qu'il me doit », confie Macron à son entourage, mot pour mot ce que François Hollande disait de Macron en 2016…

« Emmanuel Macron n'a pas le moindre doute sur la loyauté d'Édouard Philippe. Vraiment », tranche Thierry Solère. L'homme est un vieux matou de la politique, il en fait avec la chair et les tripes, avec finesse et filouterie, jamais avare d'un bon mot, loin de l'encéphalogramme plat des lieutenants macronistes. « Ce que certains dans la majorité n'aiment pas, c'est qu'ils voudraient qu'Édouard soit rangé dans un placard comme un objet, et qu'il ne dise rien. Mais c'est un homme politique. Si on veut que son soutien au président porte, il doit nous aider à ramener des électeurs qui n'auraient pas forcément voté pour le président. Qu'est-ce que c'est que la politique si ce n'est convaincre des gens qui ne votent pas pour vous de voter pour vous ? Édouard Philippe n'est pas En Marche, il est différent. »

Solère, qui connaît sa droite sur le bout des doigts, poursuit : « Pour être un atout, il faut qu'il incarne quelque chose. Édouard va chercher à être président, à être candidat, c'est certain. Je le connais depuis qu'on a vingt ans. Mais pas en 2022. Un, il n'est pas comme ça, c'est d'ailleurs pour ça que Macron l'a choisi. Vous aurez noté qu'Emmanuel Macron n'a pas nommé Jean-François Copé. S'il l'avait nommé, il n'y a pas de doute qu'il serait en train d'essayer d'égorger Emmanuel Macron pour être candidat. Deux, sa popularité est à 70-80 %, en calque sur celle du président. Demain, s'il veut être candidat ou l'emmerder, tous les gens qui le soutiennent seront séparés en deux. Ce n'est pas son ADN, ce n'est pas son envie. Mais il va essayer de trouver quelque chose. C'est très dur d'être très jeune quelque chose d'important. Le président a le même questionnement. »

Depuis qu'il a licencié Édouard Philippe, l'état d'esprit du président a changé : le Premier ministre n'est pas un partenaire politique mais un régisseur chargé de gérer les « emmerdements », comme aime à dire Jean Castex. D'ailleurs, Emmanuel Macron est plus à l'aise avec celui qui a été son professeur de finances publiques à l'ENA, qu'avec Édouard Philippe. Castex est plus souple, moins pinailleur. Édouard Philippe a eu du mal à digérer d'avoir été remplacé par son ancien monsieur déconfinement au maigre parcours politique. Une autre figure de l'exécutif a également eu du mal à avaler cette nomination : Olivier Véran. Quand il est nommé avenue de Ségur, le ministre de la Santé cherche un directeur de cabinet. Véran rencontre Castex mais, pas emballé, ne retient pas sa candidature.

La pilule a été amère lorsque ce dernier a été nommé chef du gouvernement.

En attendant, la politique se déconfine, à droite avec Édouard Philippe et Xavier Bertrand, à gauche avec Anne Hidalgo. Pourtant, dans les sondages, la maire de Paris ne décolle pas. Pas de quoi alarmer son bras droit, Emmanuel Grégoire, qui veut croire qu'un espace s'ouvrira début 2022 : « On est dans une période de glaciation politique avec le Covid. Une fois la crise passée, la gauche pourra défendre ses solutions autour de l'État providence ou de la transition écologique », et se tourner « vers le visage sérieux et neuf » d'Anne Hidalgo ?

Et la menace Bertrand ? Pour l'heure, la droite s'en charge très bien, entre un Christian Jacob qui n'en veut pas et continue de rêver à la chimère Baroin, et le parrain Sarkozy. « Mais Baroin, dans sa tête, il est parti depuis très longtemps ! » s'exclame l'ancien patron de la droite Jean-François Copé. Sarkozy, de son côté, ne cesse de glisser des consignes à ses visiteurs : « Il ne faut surtout pas rejoindre Bertrand. Il faut attendre la fin d'année et ce qui va se passer avec Macron. Pour le moment, à droite, c'est un combat de nains », confie l'ancien président à un jeune sénateur. Quand ce dernier l'interroge sur sa propre candidature, il ne dit pas non : « C'est gentil de penser à moi, beaucoup pensent à moi. Il est trop tôt pour répondre, attendons la rentrée... » Il confie aussi parfois que Macron lui demande de l'aider mais qu'il attend des gestes en direction de la droite. Certains conseillers élyséens pressentent en effet un premier tour serré où Macron aura besoin du soutien de Sarkozy pour bloquer les LR. Tout cela fait sourire le soldat Solère : « Sarkozy a été éliminé dès le premier tour de la primaire en faisant moins de 20 %. Je ne veux pas minorer le président Sarkozy, mais ma vérité à moi, c'est que le soutien ou non de Sarkozy, ce n'est pas le sujet majeur de l'époque. Macron et lui se voient. Ils ont Hollande en garde alternée ! »

La majorité, elle, a une cible : Marine Le Pen. Certains sondages montrent la patronne du RN en capacité de l'emporter. Il faut dire qu'elle a su la jouer fine dans la crise sanitaire, s'opposant à la gestion de l'exécutif sans tomber dans les excès et les caricatures de la France insoumise ou des Républicains. Résultat, la macronie pense qu'il y a urgence à rediaboliser Marine Le Pen. Mais dans l'entourage du président, certains cyniques pensent au contraire qu'il vaudrait mieux affronter au second tour une Marine Le Pen, plus facile à « atomiser » dans un débat.

Et Macron ? Il pense que son bilan est son meilleur argument : « Du point de vue de l'efficacité dans l'exercice du pouvoir, je vois les existences changées depuis 2017 ; quand, dans une famille, un parent a trouvé un CDI alors qu'il enchaînait les contrats courts ; quand je constate combien des mesures simples comme le versement automatique des pensions alimentaires, le doublement du congé paternité ou les espaces France services peuvent changer les choses en profondeur, je me dis que si nous n'avons pas tout réussi, il y a eu d'incontestables avancées. »

Il faudra en tout cas de l'audace pour convaincre un électorat de plus en plus sceptique. Et du caractère pour tenir la barre d'un pays asphyxié dans le formol depuis des mois.

8.

L'homme qui vient du Sud

« Les vidéos de Benjamin Griveaux ? Je l'ai su tout de suite. C'est moi qui ai prévenu Alexis Kohler en lui disant : “Appelle-le, moi, je n'ose pas le faire. Ça va sortir, ça va remonter”. » Le bureau de Christophe Castaner est baigné d'une lumière dorée de fin de journée. Sans masque, le regard bleu et le sourire chaleureux, le patron du groupe En Marche à l'Assemblée a passé la journée à batailler avec sa majorité sur un texte sur l'euthanasie. C'est un rescapé de l'ancien monde, un des rares autour du président sans le parcours lisse et attendu, sans l'ascétisme méfiant des costumes étroits et sombres. Dans cette macronie où les technos s'épanouissent, pleins d'une assurance qui confère à l'arrogance, il a la fidélité et la sensibilité épidermique des Méditerranéens. Ce Sud qu'il a « au cœur », il a désormais tout loisir d'y retourner, depuis que Beauvau et la sécurité du pays ne sont plus un souci constant. Pour incarner l'ordre, pour parler à la droite, Macron lui a préféré l'ambitieux Darmanin.

Avec le chef de l'État, ils sont proches sans être intimes, mais Castaner lui voue une loyauté sans faille. Entre eux, il y a quelque chose « de l'ordre du sentiment amoureux », a-t-il confié un jour, une phrase qui désormais l'agace. Quand il quitte Beauvau et son quotidien écrasant, le président lui propose un poste sur mesure : conseiller spécial à l'Élysée. Il refuse, mais il accepte la tête du groupe à l'Assemblée. Une mission qu'il remplit à la lettre : au Palais Bourbon, les troupes sont tenues et on le voit comme un fédérateur. L'homme a changé depuis son départ de Beauvau, il médite, compose des haïkus, ces courts poèmes japonais. S'il est sorti du gouvernement, la proximité avec le chef de l'État et leurs échanges sont toujours aussi libres. « Je peux tout lui dire », continue de confier celui qui, pendant la crise des Gilets jaunes, accompagnait souvent le président à la tombée de la nuit pour une promenade autour du Palais.

Il a eu une enfance sans saveur, parfois malheureuse, souvent violente. Il a mangé du pain rance, a gagné ses premiers francs dans les champs de pommes de terre, a été serveur, maçon, joueur de poker, puis, par la grâce de Macron, premier flic de France. Qu'a-t-il ressenti, le mauvais garçon de Forcalquier, un peu voyou, un peu bandit, qui a appris la vie à l'université des comptoirs de café, le jour où il a franchi les marches de Beauvau ? Il a assombri ses costumes.

L'actualité est lourde, mais la première chose dont nous parlons est mon précédent livre sur les dernières élections municipales à Paris et le scandale des vidéos de l'ancien porte-parole du gouvernement : « On n'est jamais objectifs sur nos propres sujets de colère, et j'en ai quelques-uns, mais à la différence de Benjamin Griveaux, je n'ai jamais appelé un journaliste pour l'engueuler, ça ne sert à rien. Benjamin, comme Sylvain [Fort], dès la campagne de 2017, le faisait en permanence. J'ai le souvenir, pendant l'entre-deux-tours de la présidentielle, de devoir rencontrer en urgence un rédacteur en chef et un journaliste me disant : "On a confiance en vous donc on va vous le dire : on ne va pas porter plainte sur les textos, y compris sur les allusions homophobes, qu'on a reçus parce qu'on sait que l'adversaire, c'est Marine Le Pen. Mais on veut que Macron le sache." »

La conversation dévie ensuite sur Jean Castex et l'autorité : « Avec Édouard Philippe, aucun ministre ne déconnait, ne prenait une initiative solitaire. Tout ça, ça n'existe plus. En sortant du *game* ministériel, j'ai vu ce qui se passait avec Jean Castex. Contrairement à lui, Édouard était craint, glisse Castaner dans un sourire. Édouard a aussi cette particularité de ne jamais fermer aucune porte. S'il a une possibilité, il a toujours des moyens de la maintenir. La mairie de Paris, il a gardé la porte ouverte très longtemps. »

Jean Castex n'est pas de ce bois-là. C'est un loyal, sans agenda ni états d'âme, reconnu ni par la macronie, ni par la droite. Il collectionne les ecchymoses pour protéger le président. « Castex est remarquable, il fait le job. On remonte dans les études d'opinion dans le monde rural grâce à lui et à Julien Denormandie », ajoute Castaner en faisant allusion aux sondages de la prochaine élection présidentielle.

Je repense à cette scène volée dans la somptueuse salle des Conférences du Sénat, aux prémices de la campagne de vaccination. Le socialiste Rachid Temal interroge Jean Castex et Gabriel Attal sur l'organisation de cette campagne. « Mais vous comprenez, il faut des frigos spéciaux pour les vaccins, on n'en a pas, il faut en acheter, c'est compliqué cette histoire », s'agite le Premier ministre. Coup d'œil atterré entre Gabriel Attal et Rachid Temal, et Attal d'écarter les bras, l'air de dire : « Tu vois ce que je gère. »

L'approche de la présidentielle libère en tout cas les ambitions : les poids lourds du gouvernement se poussent des coudes, Darmanin, Le Maire, Blanquer, Véran, ce qui leur importe, c'est leur relation au président. Dans leur ligne de mire : Matignon, et avant cela, l'organisation de la campagne.

Mais à l'Élysée, ça tâtonne. Comment renouer avec le fil du quinquennat après un tel tsunami pandémique ? Dès que cela est tenté, le message se brouille et les polémiques s'enchaînent, une loi climat pas assez verte, la maladresse de Frédérique Vidal sur l'islamo-gauchisme alors que les étudiants crient leur détresse, la loi sécurité accusée de s'en prendre à la liberté de la presse. La fin du mandat approche, asphyxiant le peu d'espace parlementaire restant dans la législature. Pourtant, il y a urgence. Il faut prouver aux Français qu'Emmanuel Macron continue à agir et à transformer, sa marque de fabrique.

Travailler sur une dernière réforme, un dernier texte, voilà ce à quoi s'emploie l'Élysée. Il y a une petite fenêtre à l'automne pour faire passer quelques mesures. Après plus d'un an à subir les événements, Macron veut reprendre la main. Mais les Français ne rêvent qu'au monde d'avant, le monde d'avant Covid. Difficile pour un président qui s'est fait élire sur la rupture, les grands bouleversements, l'invention et la réinvention. La crise l'a rendu otage des sachants et des technos avant qu'il ne renoue avec son intuition.

« En 2017, la campagne était mécaniquement différente : on était à la fois l'attrait et la nouveauté, d'ailleurs certains ont théorisé le thème du nouveau monde, en oubliant que globalement vous étiez l'ancien monde de quelqu'un quinze jours après ! » analyse Christophe Castaner. « Le temps politique est tellement rapide. En revanche, on a créé une adhésion sur un style différent, la bienveillance, des choses qu'on a très vite oubliées. – Quelles choses ? La bienveillance ? – Oui, certains ministres l'ont très vite oubliée, considérant qu'on avait raison sur tout. Chez nous, la subtilité et la modestie ne sont pas les valeurs les plus courantes. Ce procès en arrogance qui est fait au personnage Emmanuel Macron est en réalité lié à tout un système. »

Nous évoquons François Hollande, en 2017 : « On avait tous intériorisé que leur relation était compliquée. C'est comme Macron et la religion, vous ne comprenez pas comment ça marche. Donc on se disait : "À un moment donné, il va falloir qu'ils se *fight*, et est-ce que Macron va tenir bon ?" Tout ce qu'on distillait, c'était pour accompagner un empêchement possible de François Hollande à la présidentielle. Et puis, coup de bol, c'est lui-même, Hollande, qui s'est empêché, et là, on s'est dit : "Bon, ça va, on n'y est pour rien mais on dira que c'est grâce à nous." » Un Hollande qui, surpris par ce parricide tel Jules César découvrant Brutus venu l'assassiner, aurait pu lâcher : « *Tu quoque, mi fili* » (toi aussi mon fils !).

Pour 2022, Jonathan Guémas, la plume du président dont Macron est devenu proche, croit au concept de « solidarisme contemporain », une transverse entre libéralisme et socialisme. Emmanuel Macron l'utilise parfois en privé. En clair, cela donne un « nous, Français », qui raccroche l'identité, la sécurité et l'attachement à l'État providence. Guémas parle « d'un ADN progressiste, humaniste, face à un pays qui se droitise, tout en conservant l'ADN macroniste de disruption et de *take back control*, de maîtrise du destin des gens ». Ces jours-ci, il est d'ailleurs plus question de « renaissance » que de « reconquête » dans les couloirs du Palais, une relance économique et une relance politique, celle d'Emmanuel Macron. Une résurrection après la violence des Gilets jaunes et celle, plus sournoise, de la pandémie. Comme toujours, le président est sûr de lui, de son cap. Le champ lexical du doute est rare chez lui, on le lui a souvent reproché.

« Macron commence 2021 avec à nouveau un bon taux d'opinions favorables », analyse Castaner. « L'absence d'autorité de Hollande est apparue très tôt et il l'a payée cher. Le tweet de Valérie Trierweiler qui fracasse Ségolène Royal a agi comme un révélateur pour les Français, du genre : "Ce type n'est même pas capable de tenir sa femme et, en plus, elle tape sur la mère de ses enfants. S'il ne sait pas la protéger, comment il va me protéger, moi ?" Ce qui est intéressant chez Emmanuel, c'est que vous aviez effectivement une montée très forte de l'antipathie, et puis une vraie reconquête. »

Malgré la pandémie qui paralyse encore le pays au printemps 2021, Emmanuel Macron commence à planifier la stratégie pour 2022. Si François Bayrou, Christophe Castaner et

Richard Ferrand font toujours partie de ses proches, il écoute aussi Gabriel Attal, Sébastien Lecornu, Clément Beaune, Philippe Grangeon, Julien Denormandie. Et dans l'ombre, Ismaël Emelien, Jean-Marie Girier, Clément Léonarduzzi. La stratégie se dessine : l'apaisement et la réparation du pays. Et l'hypothèse de l'empêchement ?

Cela fait sourire le soldat Castaner. Alors que publiquement, l'ancien ministre déclare : « Le président ne pense pas une seule seconde que l'élection présidentielle est pliée », voilà qu'il m'assure l'inverse en privé : « Moi, je lui disais en début d'année : "En fait, c'est maintenant que tu attaques ton second quinquennat." Il en a conscience, peu de quinquennats ont été marqués par de telles phases de *reset*. D'ailleurs, la gestion financière, le budget, la rigueur, la dette, le truc, le machin, ça a duré trois ans. Trois ans à avoir des réunions d'arbitrage où, dès que ça dépassait 1 million d'euros, il fallait aller voir le Premier ministre... Maintenant, c'est : "Tu veux 2 milliards ? OK, tiens." »

Désormais, Macron tient le discours inverse, assurant avoir augmenté les effectifs des forces de l'ordre depuis le début du quinquennat et promettant des milliers de postes supplémentaires pour cette dernière année. L'ancien ministre de l'Intérieur admet d'ailleurs facilement qu'« Emmanuel Macron s'est droitisé », tout comme lui après dix-huit mois de crise des Gilets jaunes.

Une de ses erreurs ? Quand Castaner arrive place Beauvau, il ne lit pas assez attentivement les notes des préfets qui alertent sur une montée de la colère chez les Français, un mouvement qui ne s'appelle pas encore les Gilets jaunes. « Le renseignement n'a rien vu, de toute façon, l'Intérieur est beaucoup moins renseigné depuis que Sarkozy a interdit les "notes blanches", le renseignement politique », admet-il aujourd'hui. En revanche, son sens politique lui fait monter une opération qui, sans aboutir, aurait peut-être pu changer la suite des événements : « Une semaine après les premières grosses manifestations, on propose que le président aille lui-même sur un rond-point, dialoguer avec les Gilets jaunes. Il était d'accord, on avait même choisi un rond-point. Et au dernier moment, le déplacement a été débranché.

– Vous pensez que ça aurait changé le cours des choses ?

– Si le président, avec sa capacité d'empathie, avait passé deux heures avec eux, puis leur avait proposé de se revoir la semaine suivante à l'Élysée, peut-être que oui, ça aurait changé le cours des choses. Mais on ne réécrit pas l'histoire. »

L'empêchement ? En réalité, Macron piaffe, veut aller à contre-courant, créer l'événement, c'est ce qui lui réussit. Plus qu'une marque de fabrique, une identité politique. « Chez le président, la notion de liberté s'impose. Le fait de la poser, c'est se dire : "Moi, vous ne m'emmerderez pas, si je ne veux plus être président, je ne le serai plus." » Christophe Castaner s'est peu à peu détendu pendant l'entretien, et derrière sa carrure de rugbyman, toujours ce mélange de sensibilité intuitive et de force millimétrée. Terriblement humain, mais peut-être moins rond et spontané qu'il voudrait qu'on ne le croie.

Pour 2022, la stratégie de la macronie est simple : assécher le paysage politique, dynamiter ce qu'il reste de la droite, et oublier les miettes de gauche qui ne sont plus un danger électoral à leurs yeux.

Depuis des mois, la mort et la maladie rôdent dans le pays, les actes terroristes se banalisent, le moindre fait divers tourne jusqu'à la nausée sur les chaînes d'info. Pour répondre à ces peurs, Emmanuel Macron se résout parfois à flatter les passions tristes de Spinoza qu'il dénonçait hier, l'insécurité, quitte à reprendre des slogans usés par les extrêmes. Le président a besoin d'un spectre politique toujours plus large pour s'assurer une qualification au second tour : « Sur le rapport au pouvoir, il est deux lectures possibles à la stratégie de dépassement qui est la mienne. La lecture florentine : chercher à affaiblir ses adversaires pour durer. La lecture d'efficacité : chercher à attirer les meilleurs talents et à rassembler plus largement pour réussir. Je me reconnais plutôt dans la seconde lecture », m'assure-t-il.

Pour se relancer, il utilise donc la méthode qui a si bien fonctionné en 2017 : se remettre en scène. Il reste son meilleur faire-valoir. Défendre son bilan et son projet, il est le seul à pouvoir le faire. Bientôt, les Français vont le voir footballeur avec un club de Poissy, défenseur des animaux dans un refuge de la SPA, ou instagrammeur avec le duo McFly et Carlito.

Mais si les électeurs ont la mémoire courte, oublieront-ils facilement l'arbitraire administratif, l'arrogance médicale et la morgue politique ? Face à la situation, son entourage a parfois des mines inquiètes, lui non. Il ne doute pas. L'économie va rapidement repartir, la gestion sanitaire sera mise à son crédit, tout cela, il en est convaincu. Donc il faut foncer, lancer des nouveaux projets, élargir la majorité à droite puisque c'est désormais le barycentre du pays. Deux crises exceptionnelles ont fracturé son mandat. Comment absorber ces événements pour les raccorder à son récit ? Il va trouver, c'est certain.

9.

Le président aux mains liées

« Comment allez-vous ? » demande le président, toujours attentif, quand il m'aperçoit. Mais derrière le charme, l'intelligence étincelante, affleure une nature en acier, un être à peu d'affect. Houellebecq l'avait cerné après avoir tenté une interview : « Les gens qui parlent très bien, pour arriver à leur faire dire quelque chose, une vérité quelconque, c'est dur. » Si son regard peut être froid, métallique, son geste est méditerranéen. Il touche, palpe, saisit un bras, davantage les hommes que les femmes, mais pour des raisons de convenance.

En ce printemps 2021, nous sommes au parc des expositions, porte de Versailles, où des dizaines de pompiers vaccinent à tour de bras. Macron, flanqué de Marlène Schiappa et d'Olivier Véran, est venu inaugurer le centre. Il semble plus en forme que d'habitude, très en forme même. La boxe, qu'il pratique assidûment, lui fait gonfler les biceps à chaque fois qu'il tient ses bras croisés.

Mais l'exercice du pouvoir l'a vieilli. En deux mandats, Barack Obama avait perdu la jeunesse qui l'avait fait élire. Il aura suffi de moins d'un quinquennat pour que le temps et la charge de la fonction impriment leurs marques sur le président. Fini l'homme au sourire encore juvénile, désormais les tempes se teintent de filaments blancs, des sillons courent sur le front. La tension, les épreuves ont fait leur œuvre. Parfois, une joie de vivre sucrée de légèreté envahit le visage puis disparaît pour laisser place à un masque de gravité.

Il est là, intensément. Il va vers les uns, interroge les autres, sourit, prend le temps. Mais l'Élysée n'a visiblement pas tout contrôlé : ce matin-là, les candidats au vaccin ont tous au mieux vingt-cinq ans, alors que la vaccination leur est encore interdite !

La vaccination, la mère des batailles pour sortir de la crise. Mais Macron n'y a pas cru, ou plus tard que les autres. Quand Donald Trump, dès le début de l'été 2020, investit des milliards dans la course au vaccin, le pouvoir en France s'y refuse : « Personne de sérieux ne me dit qu'avant la fin de l'année nous aurons des vaccins disponibles », déclare le chef de l'État. Olivier Véran, lui, insiste à l'époque sur « une utopie ». Ils craignent les antivaccins et surestiment leur influence. Et jusqu'à la fin de l'année 2020, le président ne pensait pas que la vaccination serait aussi rapidement capitale. Quelques mois avant qu'elle soit rendue obligatoire, le sénateur LR Bruno Retailleau demande en privé au chef de l'État d'obliger les soignants à se faire vacciner. « Mais enfin, vous n'y pensez pas ! » lui rétorque Macron.

La suite est connue : les démarrages laborieux de la campagne. « Macron avait anticipé le décalage avec l'Allemagne, mais pas de se retrouver avec une Mauricette chez nous et deux cent mille vaccinés en une semaine de l'autre côté du Rhin », grince un ministre. Les médias tournent en boucle sur l'impuissance et la lenteur françaises. Plusieurs fois, le courroux présidentiel s'abat sur le ministre de la Santé, suivi parfois d'un mot d'excuses. Après des mois de crise, Macron semble rattrapé par l'atavisme familial ; issu d'une grande famille de médecins, un père neurologue, une mère médecin généraliste, une sœur néphrologue et un frère radiologue, il a toujours refusé cette voie. Il a choisi une autre vie, le monde des affaires, la politique, et voilà que, pandémie oblige, il se retrouve à dévorer frénétiquement les revues scientifiques et à étudier l'ARN messager dans un nuage d'éther et de formol. S'il ne sait pas tout, il ne sait rien, pense-t-il en énarque habitué à engloutir des dizaines de notes. Sur le dossier Notre-Dame-des-Landes, il a tout lu. Des quarante années de chantier à l'intégralité des rapports de police. Sur le virus, c'est pareil.

En ce qui concerne la lenteur vaccinale, Macron fera un semblant de mea culpa devant la presse : « On a pensé que le vaccin mettrait du temps à décoller et on a sans doute moins rêvé aux étoiles que d'autres. On a eu tort de manquer d'ambition, j'allais dire de folie. »

Et que dire des ratés de la crise ? Les pénuries de masques, de tests, ont été très médiatisés. Certains épisodes moins, comme le manque de curare. Mi-mars 2020, au plus fort de la première vague, Olivier Véran et Emmanuel Macron paniquent : d'ici quinze jours, il n'y aura plus de curare en France. En trois semaines, on vient de consommer l'équivalent de six mois de réserve ! Comment faire tourner un hôpital, des urgences, un service de réa sans anesthésie ? Un conseiller raconte : « Là, ça a été la vraie peur. Au pire, un chirurgien peut opérer sans masque. Mais intuber un patient qui n'est pas endormi, ça n'existe pas. » Résultat, tout le monde s'y met, y compris Édouard Philippe ou encore Emmanuel Macron qui appellera lui-même le patron du laboratoire Mylan, jusqu'à trouver des stocks dormants dans des cliniques de chirurgie esthétique ou mettre en place un pont aérien avec l'Inde.

La crise sanitaire laissera des traces. Si l'exécutif a fait ce qu'il a pu face à l'impensable, s'il a maintenu l'économie sous perfusion publique, force est de constater que le pouvoir a eu du mal à anticiper, dépassé par une réalité extraordinaire.

Pourtant 2022, la dernière année du quinquennat, Macron y croit. Il est « un optimiste de la volonté », comme il l'écrit lui-même. En ce printemps 2021, l'Élysée rêve même d'une Movida comme en a connu l'Espagne post-franquiste des années 80, une Movida boostée par le « quoi qu'il en coûte » et le plan de relance, ce fameux « pognon de dingue » dont il ne voulait pas entendre parler.

Le « quoi qu'il en coûte », cette doctrine qui consiste à soutenir l'économie à coups de milliards d'euros d'argent public, a en partie effacé l'image de président des riches. C'est en tout cas ce que veut croire l'Élysée, alors que la réforme de l'ISF avait enraciné le quinquennat dans un sentiment d'injustice. En 1986, Chirac, alors à Matignon, paiera cher l'abrogation de l'impôt sur les grandes fortunes, une décision qui le plombera lors de la présidentielle deux ans plus tard. Idem pour Nicolas Sarkozy et le paquet fiscal du début de son mandat en 2007. Une étiquette dont il essaiera de se défaire avant l'élection, en revenant sur cette réforme. Sans succès.

Mais il y a d'autres obstacles : comment corriger l'arrogance qui a durablement altéré l'image d'Emmanuel Macron ? Comment gommer les polémiques sur la pénurie de masques et les accommodements avec la vérité ? L'opinion attendra du candidat président un examen de conscience, un « mea culpa », une autre expression qu'il n'aime pas. Autre écueil, être uniquement le président de la crise sanitaire. Par conséquent, il faut tenter de réformer encore, de surprendre encore, comme avec la suppression de l'ENA, pour réconcilier les Français avec leurs élites. Comme il est difficile de les gouverner, ces Français ; ils clament leur foi en l'avenir mais se réfugient sans cesse dans le « c'était mieux avant », ils réclament des réformes pour mieux s'y opposer quand elles arrivent, ils aspirent à la Révolution mais élisent un roi.

De plus, pour l'emporter au second tour face à Marine Le Pen, une hypothèse que tous les sondeurs annoncent comme inéluctable, Macron doit capitaliser à droite mais également séduire une partie de la gauche et de la jeunesse. Il demande donc à ses ministres d'assumer « la part de gauche du bilan ». Les mesures sociales ou le dédoublement des classes de CP et de CE1 ne suffiront pas pour mobiliser un peuple de gauche désenchanté. Résultat, l'Élysée phosphore.

Macron manque de temps, celui que la crise du Covid lui a volé, celui que son mandat ne lui a pas donné. A-t-il été empêché par les crises ?

« Ma fierté est que, même avec ces épreuves inattendues, nous avons tenu une grande partie de la promesse de 2017. J'avais promis de libérer l'économie et de faire baisser le chômage, nous y sommes. J'avais promis de protéger les Français, nous l'avons fait durant le Covid mais aussi en faisant de ce quinquennat un quinquennat des sécurités.

« Je revendique donc d'avoir fait ce que je dis et dis ce que je fais.

« Je revendique aussi de n'avoir jamais cessé d'agir, y compris au plus haut de la pandémie. Aurions-nous fait plus sans ces crises ? Certainement. La réforme des retraites, la réforme institutionnelle, la réforme de l'État : la promesse de Révolution n'est pas encore pleinement concrétisée. »

En attendant, il faut accélérer, vite, vite, pour se présenter devant les Français en leur disant : mission accomplie. À chaque sortie de crise, il fait pareil, vite, vite. Vite le climat, vite le séparatisme, et maintenant la sécurité, vite, vite. Finalement, mi-avril 2021, c'est une offensive à droite toute que lance le chef de l'État : police, prison, drogue, une précampagne à la rhétorique sarkozyste. La France se droitise lui répètent en boucle plusieurs ministres comme Jean-Michel Blanquer, d'où l'embardée régalienne.

En grammaire politique, une première campagne se fait sur la rupture, comme Chirac en 1995 ou Sarkozy en 2007, et la réélection se joue sur la promesse du dépassement et de la France unie. Problème, le dépassement, c'était déjà le credo de 2017. Il faut trouver une nouvelle transcendance, fabriquer une résurrection. Ainsi, oublié le vocabulaire du début du quinquennat, la start-up nation, la disruption, tous ces mots que les Français n'ont jamais compris. 2022 sera la poursuite de la transformation de 2017.

Avec les élections régionales qui se profilent, il faut continuer de fracturer les oppositions. Et là, plus besoin d'Édouard Philippe pour « faire travailler la poutre », les charpentiers ne manquent pas, comme l'ancien LR Thierry Solère. On pensait que ce scrutin n'intéressait pas Emmanuel Macron. Que nenni ! Il tente des alliances en PACA, envoie le bulldozer Dupond-Moretti dans le Nord. Objectif ? Dynamiter ce qu'il reste de la droite républicaine et asphyxier le seul candidat qui inquiète à cette période la macronie, Xavier Bertrand.

Il faut aussi se déclarer le plus tard possible, pour profiter de sa stature de père de la nation, en faisant tout seul, comme à son habitude. Il a été élu seul, il sera réélu seul, comme il a géré le quinquennat seul. Macron ne fait confiance à personne, sauf à Brigitte et à Kohler, et s'apprête à foncer en commando. « Brigitte est très à sa place, et en même temps, elle est très observatrice. Si elle se saisit d'un sujet, elle peut vite faire pencher un arbitrage », témoigne Thierry Solère. Mais là où il était facile de projeter sur cet homme sans passé ni passif ses propres espérances, il en va tout autrement d'un président comptable d'un bilan.

Enfin, une autre échéance attend Emmanuel Macron : le 1er janvier 2022, la France prendra la présidence tournante de l'Union européenne. Idéal pour rappeler son ADN politique, l'Europe, et se réancrer au centre gauche. Installer le débat entre le lepénisme et le repli sur soi, ou le macronisme et son horizon européen ? L'idée qui se dessine au Palais est de répondre aux questions que se pose l'opinion depuis vingt ans : c'est quoi, être français ? Que peut-on faire ensemble ? Associer le besoin de protection de la part de l'État avec un libéralisme sociétal.

L'histoire politique de Macron ? Une effraction et une très bonne analyse de l'usure politique du pays. Mais en 2022, les planètes ne s'aligneront pas aussi facilement qu'en 2017. Il faut donc forcer un peu le destin. Bousculer les Français et les soigner, jouer l'outsider et porter le poids du bilan, équation compliquée. D'ici là, il ne va plus marcher, il va courir.

10.

Courir et vivre vite

Il court sur un terrain de basket avec la star Tony Parker, sur un stade de foot entouré de jeunes écoliers, bientôt il courra en Afrique. Une vie pressée, agitée, excitée, sans horaires ni repères.

Mais pour l'heure, il déconfine. Nous sommes le 19 mai 2021 et après des mois de trottoirs déserts et de soirées moroses, les terrasses et les commerces rouvrent. Les chaînes d'info en font un événement et la classe politique s'y engouffre. Résultat, tout le système suit : pas un ministre n'omet de poster sa photo en terrasse, et, comme toujours, Macron est partout. Le matin au café avec son Premier ministre, élégant dans son manteau bleu nuit jeté sur un costume plus sombre, l'après-midi à Troyes sur les terres de François Baroin. Suivront le lendemain des spritz à Nevers, des cocktails au gin avalés en quelques minutes. Il court. Encore. « On a été dans la ouate pendant longtemps, on a le droit d'en profiter », confie le président après un bain de foule, le premier post-déconfinement, aux curieux venus le saluer à Troyes, dans cette commune frangée par la forêt.

Partout sur le territoire, les terrasses sont prises d'assaut. Le président y voit « de l'optimisme résolu et un retour à un peu de vie à la française ». « Mais il y a aussi de la fatigue, de la souffrance, de l'inquiétude économique, de la prudence et de la responsabilité sanitaire. » « À chaque étape, on a essayé d'expliquer, se défend le chef de l'État, les Français ont compris qu'on leur avait fait confiance. Ils ont été acteurs de cette reconquête collective. Et les résultats, on les leur doit. » Il savoure ce retour sur le terrain, ces contacts avec les Français.

Sous l'œil amusé de Jean-Michel Blanquer, il plaisante, se prête facilement aux selfies que lui demandent les enfants. Nous sommes sur un grand terrain de foot, le soleil rayonne, la « séquence » va être bonne, se satisfont les attachées de presse. Comme à chaque déplacement, tout a été pensé comme une superproduction, jusqu'à la charmante église de Pont-Sainte-Marie, en arrière-plan du terrain de foot. L'édifice gothique, reconstruit dans un style Renaissance, borde idéalement les rivages d'une Seine presque statique sur cette plaine de l'Aube. Pour parfaire le tableau, c'est par un pont étroit depuis le parvis de l'église que vous rejoignez le grand terrain de foot. Évidemment, c'est ce trajet qu'emprunte le président. Une minute plus tôt, c'était l'accueil républicain devant la mairie locale avec François Baroin. En politique, tout déplacement présidentiel a une charge symbolique. Celui-ci, jour du retour à un début de vie normale, est scruté de près. Le ton est cordial avec Baroin, l'éternelle chimère de la droite. Ils échangent un coup de coude – le salut en temps de Covid –, une blague sur la finale de la Coupe de France qui se tient le soir même, puis Macron reprend sa course. Dans ses pas, Jean-Michel Blanquer jette un regard complice à son ami d'enfance, François Baroin. Les deux se sont connus à dix ans, lors d'une classe de neige. Depuis, ils ne se sont jamais quittés. C'est une véritable amitié, de celles qui traversent les tempêtes et forgent une vie. « Ma vie ne serait pas ce qu'elle est sans lui. Je l'ai toujours considéré comme mon frère, celui que je n'avais pas. En quarante-cinq ans, on ne s'est jamais engueulés », a confié le maire de Troyes. « Nous sommes profondément amis d'abord », répond le ministre de l'Éducation nationale, que Baroin considère « beaucoup plus mordu de politique » que lui.

Sur le terrain de foot, le président sourit mais reste concentré. Quand une mère de quatre enfants, émue d'échanger avec lui, laisse percer quelques sanglots, il l'écoute attentivement. Il a gagné en empathie ce qu'il a perdu en arrogance.

« Mes enfants ne font pas de sport, dit la mère de famille, et je n'ai pas de voiture. Je les élève seule, le papa n'a pas la garde, il me battait. »

Elle est touchante cette maman en blouson en jean, la tête voilée de tissu rouge. Elle dit ne recevoir aucune pension alimentaire.

« Il faut que vous demandiez à la CAF, répond le président. Depuis le 1er janvier, on a passé une réforme, le papa a un devoir.

– Je vis avec 1 400 euros, ajoute-t-elle.

– Justement, le papa a fait des enfants avec vous alors il a une responsabilité. Que la collectivité assume d'aider, c'est le devoir de la nation. Mais être parent, c'est un choix et aussi un devoir qu'il doit assumer. Il faut que vous voyiez avec la CAF, c'est très important », insiste le président, perdu dans une forêt de caméras, alors que la maman sort un portable rose pailleté et le mitraille de selfies.

Un peu plus loin, à une jeune fille qui dit vouloir arrêter le basket pour la musique, Macron répond : « Ah ! La musique, la liberté ! » Adolescent, il se voyait plus pianiste ou écrivain que politique.

« Allez-y les jeunes, faites une démonstration de basket avec Tony Parker ! » les encourage le président. Le champion s'y colle, mais il lui faudra quatre essais, et une veste tombée, pour réussir à mettre un panier ! « La leçon, c'est qu'il ne faut rien lâcher », sourit le chef de l'État. Soudain, une attachée de presse se précipite et enlève un caillou du chemin pour qu'il ne trébuche pas.

Plus loin, un homme d'origine congolaise l'interroge sur Denis Sassou-Nguesso, l'inamovible président congolais. En une fraction de seconde, le visage d'Emmanuel Macron change, la réponse fuse : « Quand c'est la France qui donne des leçons de démocratie en Afrique, c'est toujours mal vécu. Ce n'est pas la bonne manière de faire. Ce n'est pas à la France de sortir les dirigeants africains. Regardez la Lybie, on disait qu'il fallait taper sur la table pour enlever M. Kadhafi. Eh bien, M. Kadhafi est parti, et ça fait dix ans de guerre et du terrorisme partout. »

Au même moment, bien loin de ces images léchées, Paris est secoué par une manifestation de policiers au pied de l'Assemblée nationale, alors qu'à l'intérieur du bâtiment, le garde des Sceaux tonne pour défendre les magistrats. Une image malaisante, des slogans délétères, « Le problème de la police, c'est la justice », un caractère factieux. « Êtes-vous gêné par la présence de votre ministre de l'Intérieur à cette manifestation de policiers ? » Le président refuse de répondre. Gérald Darmanin a en effet décidé d'apparaître dans ce rassemblement. À Paris, Éric Zemmour, Jean-Marie Bigard et Philippe de Villiers défilent bras dessus, bras dessous, sourires aux lèvres. Villiers, l'ancien proche, convié à des dîners privés à l'Élysée, qui aujourd'hui n'a pas de mots assez sévères contre le président.

« On sort d'une période dure pour nos enfants et nos jeunes. C'est le choix de la nation française de protéger sa jeunesse, de laisser les écoles ouvertes. Ces périodes induisent des tensions, il y a aussi une violence dans la société, alimentée par les réseaux sociaux. Il faut traiter le mal à la racine. La priorité est le retour de la vie normale et d'essayer collectivement d'avoir un maximum de bienveillance. » Et le président de conclure ironiquement, au regard de la prudence qu'inspire la situation sanitaire : « Ce n'est pas la bamboche du jour au lendemain ! Il faut rester très rigoureux sur la question des variants. Les Français ne veulent pas qu'on revienne en arrière, moi non plus ! »

Nous traversons la ville, un centre apathique, des maisons aux volets clos, un air chargé d'ennui au temps chloroformé, illustration de cette France périphérique où la vie quitte peu à peu les agglomérations moyennes, où les services publics sont compressés, délocalisés, fermés, où les trains passent mais ne s'arrêtent plus. Sur le retour, les champs défilent à vive allure, le grand Est s'éloigne sous un ciel sombre et menaçant.

Dans quelques jours, pour son premier voyage officiel depuis un an, Emmanuel Macron s'envolera pour l'Afrique.

11.

La mémoire du Rwanda

« Des excuses ? Non, surtout pas ! » Ma question énerve Jean-Yves Le Drian, qui ne s'en cache pas. Nous sommes depuis la veille au Rwanda, pays confetti perdu au centre de l'Afrique, théâtre en 1994 d'un génocide à la fureur sans égale. Le matin même, Emmanuel Macron a prononcé un discours important, mais déjà, en France, on regrette que le chef de l'État n'ait pas offert des excuses pour la responsabilité de notre pays dans le drame rwandais. « Mais vous voulez quoi ? Qu'on se mette toute l'armée à dos ? Politiquement, en France, il ne peut pas aller plus loin », poursuit le ministre des Affaires étrangères, décidément agacé par les critiques. « Ce que le président a dit est fort. Il est allé au plus loin de ce qu'il pouvait, sans se mettre l'armée à dos. Voilà », m'assène Jean-Yves Le Drian.

La journée a été longue depuis que l'Airbus présidentiel s'est posé sur le sol rwandais au petit matin. Nous visitons une exposition à l'Institut francophone et je ne peux m'empêcher de saluer le chef de l'État qui garde son sérieux devant les improbables œuvres exposées. Regard complice et amusé tout de même. Dans ce tout petit groupe, Le Drian suit, fatigué. À Paris, après la polémique sur les excuses, les plateaux télé s'agitent sur l'exemption de quarantaine dont bénéficie Emmanuel Macron. Là aussi, mes questions énervent le patron du Quai d'Orsay : « Le président et moi sommes les seuls à avoir un tel protocole de contrôle, j'en suis à mon soixante-quatrième test Covid, on me teste trois fois par semaine ! »

Kigali vit comme le monde entier au rythme de l'épidémie. Gare à ceux qui ne respectent pas le couvre-feu. « On vous arrête et on vous conduit au stade. Vous y restez toute la nuit, sans couverture ni eau », prévient une attachée de l'ambassade. Une vie masquée à l'africaine, faite de tissus colorés et joyeux. La capitale rwandaise, perlée de bosquets d'hibiscus et de bougainvilliers, connaît une effervescence sous l'impulsion de fer du président Paul Kagame. C'est l'Afrique et son foisonnement, sa chaleur moite et ses odeurs de viande grillée, sa mer de mobylettes voguant sur les routes, sa végétation de bananiers exubérants à l'odeur de vanille, une ville de buildings ultramodernes comme autant de champignons étranges dans ce chapelet de collines vertes. Ici, on dit que les oiseaux ne chantent pas le 7 avril, « parce qu'ils savent ». Difficile de réaliser que dans ce pays, le pire de l'humanité s'est produit, que la terre, dont l'ocre ferrugineux semble un constant rappel, a bu le sang de son peuple.

Plus tôt dans la journée, nous étions au Mémorial du génocide, un cocon vert tendre parsemé de rosiers blancs et grenat qui surplombe une des collines de Kigali. On cherche alors à fuir le soleil dans la moindre flaque d'ombre. L'air vibre de chaleur malgré l'heure matinale. La mine grave, Emmanuel Macron s'arrête devant des grandes stèles de béton délavées, sa mâchoire se serre quand on nous explique que sous ces dalles entourées de rosiers grimpants, les restes de deux cent cinquante mille êtres humains sont enfouis.

Quand il commence son discours, le président s'en tient mot pour mot au texte écrit. Pas d'improvisation ni d'aparté lyrique, ce qui est inhabituel pour lui. Le moment est historique, il le sait, pour les victimes, pour les relations franco-africaines. Posture virile, timbre caverneux, il est pénétré de la gravité du moment. En nommant le mal et les responsabilités, on cautérise les plaies, veut croire le président. Il sait surtout que rien ne peut se faire au Rwanda et plus largement en Afrique sans regarder en face le rôle de la France.

« Ces paroles ont plus de valeur que des excuses », jugera par la suite Paul Kagame. Alors que journalistes, officiels et services de sécurité commencent à s'agiter, des hommes et des femmes se tiennent droit et semblent acquiescer. Le président français s'approche d'une femme assise au premier rang, une rescapée du génocide. Il l'étreint longuement. Elle tient à le remercier, le président lui répond qu'elle ne le doit pas.

« Excuses n'est pas le terme approprié, la reconnaissance, c'est ce que je peux donner. Un pardon, ce n'est pas moi qui peux le donner », s'explique un peu plus tard le chef de l'État. Il a un regard fixe, presque vitreux, qu'on lui connaît peu. « Nous savions, nous devons la vérité aux victimes. » Je ne peux m'empêcher de penser que le raisonnement est habile, très macronien, une sorte de rhétorique inversée : en déclarant que c'est aux victimes d'accorder leur pardon, il s'épargne de le leur demander et, au-delà, de perdre une frange de l'électorat réfractaire au discours de repentance.

« Un génocide ne s'excuse pas, un pardon ne s'exige pas », répète-t-il encore à l'endroit même où, jadis, les rues étaient jonchées de cadavres dévorés par des chiens errants. Ici, on a jeté des hommes encore vivants dans des fosses communes, ici, on a forcé des mères à tuer leurs enfants parce que Tutsi.

Mais en abordant sans filtre les questions mémorielles, sans déni ni repentance, le président français ne prend-il pas le risque de mécontenter tout le monde ? « Nous avons plusieurs passés et plusieurs mémoires plurielles traumatisées, exprime-t-il devant le président Kagame. Le Rwanda en est une, l'Algérie en est une autre. La France est forte, mais il n'y a pas de grandeur s'il n'y a pas de capacité à voir en face sa propre vérité, c'est pour ça que je parle de reconnaissance. Nous le devons à celles et ceux qui sont morts. »

Emmanuel Macron tient à ce que sa politique de commémoration soit un marqueur de son quinquennat. Âgé de seize ans au moment du génocide, il n'a pas grandi avec ces ténèbres, mais il a fait le choix, délibéré, de mettre des mots sur le passé pour sceller une réconciliation entre la France alliée du régime génocidaire de l'époque et le Rwanda d'aujourd'hui, héritier de ses victimes. Le président s'en tient à la ligne qu'il s'est fixée : admettre la vérité historique et parvenir à un récit partagé afin d'apaiser la guerre mémorielle.

« Il est allé puiser très loin en lui pour ce voyage. La première nuit, on a travaillé tout le vol. Ça doit faire vingt-quatre heures qu'il n'a pas dormi », confie un conseiller. C'est le président qui a fait le choix du Rwanda pour son premier déplacement en dehors de l'Union européenne depuis un an. Pendant les douze heures de vol, le discours a été travaillé jusqu'au dernier moment. Et il a fallu gérer les pressions politiques : échanger au téléphone avec Hubert Védrine, l'ancien ministre, opposé à la démarche présidentielle. Jusqu'à son arrivée à l'hôtel, Emmanuel Macron a hésité : il voulait encore modifier quelques tournures. Une fois au Mémorial, alors que toute la cérémonie était réglée à la minute, il a demandé au dernier moment un TR, un « temps réservé », d'ordinaire pour faire une pause. Les conseillers, appelés en urgence, ont relu « une dernière fois, pour être sûrs ».

Dans le quinquennat, ce déplacement demeurera une borne majeure. Comme tous les autres présidents avant lui, Emmanuel Macron accorde une grande attention à ce type de discours. Mais, plus que tout autre, il lie l'exercice à la politique étrangère et aux intérêts français. Qu'il s'agisse du génocide rwandais, de la guerre d'Algérie ou de Napoléon, Macron prône « le dépassement des conflits mémoriels », avec la volonté d'aller plus loin que ses prédécesseurs.

Plus globalement, c'est une nouvelle démarche que Paris veut vertueuse à l'égard du continent africain : un dialogue d'égal à égal, qui dépasse l'héritage colonial et les fantômes de la Françafrique, une réponse aux sentiments anti-français qui prospèrent dans certains pays africains et dans l'Hexagone. Macron n'est pas venu les mains vides, des milliers de doses de vaccins sont offerts au Rwanda.

Une nuit opaque s'est abattue en quelques minutes sur Kigali. Nous visitons un centre de vaccination tenu par le diocèse de la ville. Ici, on vaccine à l'AstraZeneca. Alors que la capitale, de jour, semble polie comme un sou neuf, le soir, c'est un autre visage qui apparaît et, au détour du regard, des bidonvilles faits de tôles et de boue, des enfants en haillons. À quelques minutes du centre-ville, la misère surgit.

La sécurité est sur les dents : interdiction de sortir du véhicule tant que les officiers français ne sont pas là. « *Where is the French security ? We don't go out without the French security* », hurle une conseillère. Soudain, ils arrivent, les officiers du GSPR, le Groupe de Sécurité du président de la République. Leur présence est rassurante, elle le sera encore plus dans les jours qui suivent en Afrique du Sud, un pays miné par la criminalité. Et même dans ce dispensaire religieux, perché sur une des jolies collines calmes de Kigali, ces hommes ne nous lâchent pas, surtout le « siège », appelé ainsi car il s'assoit à la place avant droite quand le président se déplace, la place du mort, celle où on prend une balle pour protéger le chef de l'État. Dans la torpeur africaine, l'homme se laisse parfois aller à ouvrir une veste dont dépassent une bouteille d'eau et... une arme, collée sur son flanc.

Au crépuscule de cette nuit rwandaise, Emmanuel Macron sort d'une voiture blindée immatriculée « France ». Dans son sillage, une ombre claire, mallette en main, le suit : son aide de camp. Et la mallette, c'est la fameuse ? Oui, c'est bien elle. Le président fait quelques pas, nous sommes aux abords de la capitale, pourtant ce ne sont déjà plus des buildings mais des cases aux murs ocre et des routes en terre qui bordent le dispensaire. Macron va vers la poignée d'hommes et de femmes qui patientent avant de se faire vacciner : « Vous avez raison, mieux vaut ne pas l'attraper ! Je vous le dis ! » lance le président à une femme élégante, drapée dans un boubou ondoyant turquoise et vert, qui attend, entourée de ses nièces. Accueilli par une religieuse à la coiffe grise et au crucifix imposant, Macron déclare : « Je suis convaincu qu'aider l'Afrique à vacciner, c'est d'abord un devoir de solidarité, et ensuite c'est comprendre comment fonctionne le virus. Si nous ne vaccinons pas partout où on le peut, le virus continuera à se développer, avec le risque de variants plus résistants. C'est un devoir moral et une exigence sanitaire. »

La solidarité, il l'a aussi évoquée quelques heures plus tôt devant des étudiants à Tumba, à une heure de Kigali. Au milieu des pelouses et des palmiers, quelques bâtiments en brique noyés dans une verdure embrouillée, eucalyptus, hautes herbes et bananiers envahissent, souverains, les environs. C'est alors un portrait en creux de lui-même qu'il livre à ces jeunes Rwandais.

« Quelles sont les qualités que doit avoir un jeune entrepreneur ? demande Anthony, un étudiant.

– Croire en vous mais aussi douter en permanence, c'est-à-dire cultiver le bon doute, c'est ce qui caractérise les entrepreneurs. Si vous voulez emmener les autres, il faut avoir une confiance folle, déraisonnable en vous. Ensuite, prenez des risques et acceptez d'échouer. Enfin, *sky is the limit*, pensez grand. Déjà, avec ce viatique, si vous avez un peu de chance et du talent, ça peut le faire. Vous allez vous tromper, une fois, dix fois. Mais acceptez de vous tromper, acceptez d'échouer. »

Que souhaite-t-il pour ces jeunes ? « De l'insouciance. Le plus beau cadeau, qui va avec le fait d'avoir vingt ans. Je leur souhaite l'insouciance et l'ambition. » Lui, le héros stendhalien qui a refusé les dogmes au nom de la liberté. Lui qui doute mais croit en son étoile, lui dont la transgression originelle – son couple – l'a convaincu que tout était possible. Il les quitte en leur glissant sa carte du Tendre : « La poésie, c'est ce qui me fait le plus immédiatement voyager, René Char, les *Feuillets d'Hypnos*. Un roman ? Je dirais *L'Éducation sentimentale* de

Flaubert et des BD comme Astérix et Obélix, car ça fait partie du génie européen. »

Nous quittons bientôt ce pays d'excès, jusque dans la nuit où les secousses du volcan Nyiragongo réveillent la délégation et font trembler la terre. À l'aurore, sous un ciel encore moutonneux, nous décollons, direction Johannesburg. Sur le tarmac, la carlingue blanche d'un Falcon estampillé « République française » étincelle sous le soleil. C'est la fine silhouette du « spare », l'avion qui suit en permanence l'Airbus présidentiel, prêt à accueillir le chef de l'État en cas de problème. La beauté fulgurante des paysages sous la lumière rougeoyante du petit matin étreint les cœurs, l'émeraude mordant des collines couronnées de soleil, l'ocre rouge des chemins et puis, après quelques minutes de vol, le spectacle saisissant des grands lacs, où les rayons de l'aube se reflètent, taches dorées sur une immensité de terre.

12.

Dans les pas de Mandela

« Vous boxez, monsieur le président ? » Le directeur de la fondation Nelson-Mandela désigne un gant multicolore, bien en évidence dans la bibliothèque en acajou qui surplombe la moquette crème, enserrant le bureau du héros de la lutte anti-apartheid. Le président sourit. Il n'en demandait pas tant : essayer le gant du mythe Mandela offert par un autre mythe, Mohamed Ali. On ne peut s'empêcher de revoir cette image que nous connaissons tous, Mandela, vieil homme aux cheveux blancs et à la chemise impeccable s'appuyant fragilement sur sa canne dans un des fauteuils de la pièce. Depuis onze ans que le héros de l'ANC a disparu, rien n'a bougé. Emmanuel Macron enfile le gant et mime un crochet du poing. Il a repris depuis quelques semaines les entraînements intensifs de boxe au Palais.

On lui demande de s'asseoir sur le bureau d'acajou pour signer le Livre d'or, il refuse puis accepte, c'est le protocole. Mais il déclinera toute photo de lui dans ce haut fauteuil de cuir brun. Il l'avait dit, il y a quelques années : « Je suis d'une génération qui n'a jamais connu l'Afrique coloniale et dont l'un des plus beaux souvenirs est la victoire de Nelson Mandela contre l'apartheid. C'est cela l'histoire de notre génération. » Un peu plus tôt, il s'est arrêté à l'extérieur, observant la voiture dans laquelle Mandela a été arrêté en 1963, une Humber vert pistache des années 50. « C'est important de s'imprimer des combats de Madiba. C'est très émouvant de voir ce lieu où il a passé une partie de sa vie, une vie d'engagement, de sacrifice, de combat et une consécration, celle de l'égalité et de la liberté ; je souhaitais le faire avant de partir. La vitalité dans le pays, la force de cette démocratie s'expliquent aussi par ces combats menés. C'est toujours bon de se rappeler d'où l'on vient. »

Le président déambule dans ce bâtiment dédié à la mémoire de Mandela où beaucoup d'objets évoquent la France, l'ordre de la Légion d'honneur signé par François Mitterrand, une lettre originale du président Léon Gambetta, un diplôme honorifique de docteur en Sorbonne. Il s'arrête, amusé, devant les images d'un Mandela jeune boxant dans la cour de sa prison, joue quelques instants avec l'imposante médaille en or du Nobel de la paix que Mandela a reçue en 1993 et qu'on l'encourage à prendre en main. Ici, une carte de vœux de la reine Élisabeth et du prince Philip. Tout est conservé en l'état, jusqu'aux objets les plus intimes de Mandela, son parfum, Calvin Klein, et un grand pot de vaseline. Le visage d'Emmanuel Macron retrouve sa gravité quand il entre dans un espace de quelques mètres carrés à peine, réplique de la cellule de Robben Island dans laquelle Madiba a passé dix-huit de ses vingt-sept années de détention.

L'Afrique du Sud, après le Rwanda, fut des décennies durant déchirée par des conflits ethniques et raciaux. Aujourd'hui, l'apartheid est aboli, mais le pays reste l'un des plus inégalitaires au monde, où dans les centres-villes au faux air de Californie, la criminalité ronge le quotidien et oblige les habitants à vivre dans des maisons barricadées. Impossible de sortir, de marcher, sous peine d'une agression au couteau ou par arme à feu. Résultat, le moindre déplacement du cortège se fait sous très haute protection. Les policiers sud-africains vont jusqu'à bloquer les gigantesques autoroutes à six voies qui relient Johannesburg à Pretoria pour assurer notre passage.

Nous sommes à l'université de Pretoria. Un souffle chaud brasse les arômes, parfum diffus des herbes jaunies, joie fauve des couleurs qui s'offrent au regard. Emmanuel Macron prononce un discours dans lequel la France et l'Union européenne s'engagent à fournir des vaccins au continent africain. Car la vaccination, Macron en a aussi fait un cheval de bataille à l'international. Pour répondre à la crise sanitaire en Afrique, il veut pousser l'agenda du transfert de savoir-faire et de technologies. Dans les soutes de l'Airbus présidentiel, cent mille doses d'AstraZeneca sont prévues dans l'initiative Covax. À la fin de sa prise de parole, il adresse un regard décidé à Alice Rufo, sa conseillère diplomatique – intelligence acérée, probité incarnée, un feu et une fougue analogues à ceux de son patron –, l'air de dire « vas-y maintenant, va débriefer à la presse ». Je comprendrai ensuite que certains éléments annoncés n'étaient pas encore tranchés avant la prise de parole officielle.

Le lendemain matin, une légère brise soulève les nappes blanches qui recouvrent les tables hautes éparpillées dans les jardins de la résidence française, vaste demeure blanche au style néocolonial et aux larges baies vitrées. À quelques mètres, une piscine entourée d'un verger. Il n'est que 9 heures du matin, mais déjà les plateaux de chablis et de foie gras naviguent entre les bosquets de lauriers, de cactus, d'oliviers. Un invité tient en laisse un golden retriever affublé d'un ruban tricolore. L'air est léger, il sent le soleil.

Dans ce décor tropical, Macron répète inlassablement le message qu'il tient depuis deux jours en terre africaine : « On connaît notre passé traumatique. La France est le cœur à la fois d'un ressentiment chez les uns et d'une manipulation mémorielle chez les autres. Aujourd'hui, on doit sortir de l'ombre de cette relation et avoir le courage de la réinventer. »

Pour Emmanuel Macron, tout est lié : l'avenir de l'Afrique, les flux migratoires et les questions d'intégration en France. Son rapport particulier à ce continent remonte à son stage de jeune énarque au Nigeria. Sur ces sujets douloureux, épidermiques, il s'adresse à l'intelligence des Français, mais pour les toucher, les convaincre, ne devrait-il pas plutôt parler à leurs cœurs, leurs peurs ? Cette tentative de lever les impensés va-t-elle fonctionner ? Aura-t-elle un quelconque écho en France ?

Lors de ce déplacement, l'objectif du président est en réalité très politique : « Envoyer un message aux millions de jeunes gens qui ont une histoire avec l'Afrique par leur famille, par des générations. On va arrêter de leur dire : "C'est un problème et vous devez vous intégrer." On va enfin leur dire que l'on va pouvoir bâtir en commun, qu'ils sont une chance pour la France et qu'ils vont nous aider à développer cette histoire commune. » Panser les plaies mémorielles, c'est aussi le sens des relations qu'il noue avec l'Afrique depuis quatre ans : « L'Afrique est une chance parce que c'est un continent jeune. Cette chance devient un cauchemar si on laisse l'Afrique seule avec ses problèmes. De manière très égoïste, j'y crois pour l'Afrique et je pense que c'est essentiel pour notre pays. »

Hapo, en langue khoïsan, signifie que les rêves doivent être partagés par la communauté pour se réaliser. « L'Europe et l'Afrique c'est bien cela : *hapo* ! » lance-t-il avant d'avaler les onze heures de vol pour rentrer à Paris.

13.

Splendeurs et misères des courtisans

« J'ai bien écouté le discours, c'est probablement un des discours les plus décousus du chef de l'État. Jusqu'au dernier moment, ils ont changé. Il a même eu Védrine dans l'avion. Les discours où il y a trop d'intervenants, ce n'est pas fluide à l'arrivée. Je l'ai vu tout de suite, le discours n'était pas fluide. » Bruno Roger-Petit cache peu sa réprobation sur l'initiative rwandaise.

Au moment où nous nous voyons, le Palais est encore dans cet état formolisé de glaciation Covid. Peu de conseillers, peu de mouvements dans les couloirs. Sous nos pieds, les boiseries du parquet craquent, assourdies par des tapis épais. Le conseiller Mémoire du président, fugace porte-parole pulvérisé par la bombe Benalla, conserve un bureau dans l'aile Madame. Pour accéder à cette pièce triste, recroquevillée dans un recoin de l'Élysée, il faut traverser le long couloir qui longe le bureau de Brigitte, le salon des Fougères. La vaste salle, inondée de soleil, s'ouvre sur des rosiers grimpants aux couleurs pâles. Sur la droite, le bureau ivoire, en sycomore et cuir signé Matali Crasset, était celui d'Aurélie Filippetti au ministère de la Culture. Plus tôt, il a fallu passer par ce petit perron étroit qui s'ouvre sur un portique ordinaire. Le sas de quelques mètres carrés tranche avec ce qui s'offre au regard une fois la sécurité franchie : la solennité de la cour et, au fond, les marches en pierre, le fameux perron, les huissiers en gants blancs et lourds colliers d'argent. Une cour que l'on ne doit jamais fouler, seulement contourner.

Nemo, le labrador noir du couple Macron, est affalé en travers du couloir de l'aile Madame. Soudain, il se lève et s'agite entre nos jambes. Bruno Roger-Petit a un rôle à part dans ce Palais des ombres. Il n'est pas dans le collectif du cabinet. Mais la proximité de son bureau avec celui de l'épouse du chef de l'État et le fait qu'il parle seul au président soulignent un certain poids.

Ce voyage au Rwanda a déclenché moult tensions, et notamment la colère de Nicolas Sarkozy qui considère être à l'origine de cette démarche de réconciliation et qui bout de ne pas y avoir été plus associé. « Oui, Nicolas Sarkozy a initié ce travail de relecture. Dire qu'on n'est pas complice, c'est le minimum. Je m'interroge de la même manière qu'Hubert Védrine, qu'est-ce qu'une responsabilité accablante ? Pour des raisons diplomatiques, Macron pense qu'il faut être bien avec Kagame étant donné son rôle en Afrique. Mais comme dit Védrine, il va falloir aller l'expliquer au Congo, qui n'est pas content. On a bien vu ce que ça a donné, l'opération sur la mémoire de la guerre d'Algérie. Rien, à part des insultes tous les quinze jours : la France ennemie traditionnelle, ennemie éternelle. Du coup, on se recentre sur le franco-français, c'est ma petite victoire. On va faire un geste important pour les harkis. C'est la dernière honte française qui n'est pas réglée. »

En privé, Emmanuel Macron laisse parfois échapper qu'il se sent investi d'une mission dans le traitement de l'histoire, notamment sur l'Algérie. Il est convaincu que le conflit mémoriel entre la France et le Maghreb est un traumatisme dans le pays, pour une partie de la jeunesse française, et qu'il empêche encore aujourd'hui l'intégration.

Le conseiller Mémoire du chef de l'État aurait donc des réticences sur les choix présidentiels en ce domaine ? « Le dépassement des conflits mémoriels, c'est la construction d'une mémoire collective, la fameuse "mémoire juste" de Paul Ricœur, c'est une mémoire de l'intégration dans la République. Mais tout ça n'a pas d'impact sur la jeunesse française. Certains disent : "Ça va parler à la jeunesse issue de l'immigration." Non, on voit bien qu'on ne vote pas dans les quartiers. En revanche, les huit cent mille harkis, les quatre à cinq millions de pieds-noirs, les dix millions de Français que cette mémoire intéresse, ce sont des gens qui votent. Les technos qui font des notes sur les harkis en expliquant qu'il ne faut pas s'occuper d'eux, car ils ne traitent les sujets qu'en clientèle, ils ont fini par comprendre qu'il y avait un vrai sujet d'inhumanité. Oui, on a quelque chose à réparer. » Un tel geste permettrait aussi de resserrer les liens avec une communauté traditionnellement de droite, voire d'extrême droite, stratégique dans l'optique de 2022.

Ce sera chose faite en septembre 2021 : depuis la salle des Fêtes de l'Élysée, dans un silence lourd de défiance, de colère et de douleurs, Emmanuel Macron demande pardon aux harkis et annonce une loi de reconnaissance et de réparation. « Je suis un conseiller du temps long, de Joséphine Baker au Panthéon. Les harkis, c'est le dernier déni français, comme le sort des traducteurs afghans. C'est une grande tradition française d'abandonner ceux qui servent la France. Une permanence française, une forme d'ingratitude. Et puis vous êtes toujours victime d'administrativisme. Vous arrivez dans une réunion car le président va faire un grand geste sur les harkis, et ça se termine par une conversation sur combien ça coûte, dans quel tuyau on met ça, on pourrait peut-être distinguer selon la pénibilité du camp ? » En ce qui concerne l'hommage à Joséphine Baker, Macron l'a vite adoubé : « Ça a de la gueule. »

Pour Bruno Roger-Petit, « le vrai sujet français aujourd'hui, c'est le sentiment de dépossession. Dépossession politique d'abord : la mondialisation nous percute, ni l'Europe ni l'État ne nous en protègent. On n'est plus maître de notre destin et on regarde les Anglais avec admiration, *take back control*. De ce sentiment découle un sentiment de dépossession du modèle économique et social. Par exemple sur les retraites, on les réforme parce qu'il faut s'adapter à la mondialisation et au libéralisme. Ensuite, vous avez le troisième sentiment, qui découle du premier, c'est la dépossession culturelle : "Je ne vis plus chez moi, ce n'est plus le même pays qu'avant." Ce sont les seuls sujets qui percent le plafond de verre Covid. Pendant le confinement, les Français regardent quoi ? Les films du patrimoine, de Funès, Gabin. Regardez la soirée des Césars, soirée du woke et de l'intersectionnalité, il y a un rejet complet des Français. Les faits divers qui émergent, c'est la même chose, c'est "on n'est plus chez nous". D'ailleurs, CNews est la chaîne qui a compris le sentiment de dépossession. Pascal Praud, contrairement à ce que disent les neuneus, c'est du très haut niveau ».

Dans la pièce où l'on peine à trouver une place tant les livres et les dossiers recouvrent les canapés fatigués, l'ancien journaliste poursuit : « Pour répondre à ça, il y a le modèle Macron : l'optimisme. La séquence Carlito-McFly montre un président qui parle à des jeunes. Les déplacements dans la France profonde, c'est la même chose. Marine Le Pen et Xavier Bertrand demeurent uniquement dans une pose anxiogène, ils ne progressent pas. D'où le message d'optimisme. Dans les discours, on passe notre temps à glisser le mot "résilience". »

Roger-Petit est de ces personnages sulfureux dont les Macron aiment parfois s'entourer. Devenu l'officier traitant des nouveaux hussards de la droite conservatrice, les journalistes de *Valeurs actuelles* ou les figures de CNews, il invite à dîner au Palais Pascal Praud justement, ou a déjeuné avec Marion Maréchal : « Quand je déjeune avec Marion Maréchal : un, elle est retirée de la vie politique active, et deux, elle est pressentie pour être chroniqueuse télé. Moi, c'est la future chroniqueuse que j'allais voir. Cela dit, oui, elle est très proche de Zemmour. » Une initiative qui a déclenché l'ire des Marcheurs historiques.

Ici, nous sommes au cœur des assassinats de la cour où chacun est la cible de l'autre : « On a fait très attention pendant le confinement. Nous avons mené une vie de moine. C'est la vie du Palais, les textos où on est très vigilants. Sinon les gens font des captures d'écran. C'est la grande erreur de Thierry Solère, les gens font des textos où ils racontent leur vie et après, ça circule. Les gens se les envoient. Brigitte me l'avait dit : "Tu vas apprendre très vite à faire très attention." Solère vient faire du conseil politique au président mais il n'est pas conseiller politique. Il n'a ni bureau ni secrétariat. Il n'est pas au journal officiel. Il y a conseiller officiel et conseilleur », explique, perfide, Roger-Petit.

Le pied commence à taper le sol à mesure que la parole se libère. Il jette un œil aux deux seuls portraits affichés dans la pièce, l'image officielle d'Emmanuel Macron et le portrait de François Mitterrand : « Le président ne fait jamais ce qu'on pense qu'il va faire. Tout repose sur un écosystème personnel très simple, qui repose lui-même sur le cloisonnement et le clivage. Il y a une équipe A, une équipe B, et il passe ses commandes en fonction de ses besoins. Personne ne peut dire : "J'ai influencé telle ou telle décision." Il a porté Napoléon, l'idée de faire le bicentenaire c'est moi, notamment l'expression "l'art d'être français". Ça a été un combat. Kohler ne voulait pas le faire. Je suis l'auteur du "se séparer du pire de l'Empire, embellir le meilleur de l'empereur". Les idéologues, nous sommes peu nombreux ici », conclut Roger-Petit, symbole de l'engourdissement de l'autorité macronienne quand elle est confrontée à un délicat limogeage. Splendeurs et misères des courtisans.

14.

« La France profonde »

« J'en peux plus de ces réunions ! Vous savez, le fameux Conseil de défense sanitaire. C'était le soixante-troisième ! » L'apostrophe surprend la passante. Le chef de l'État glisse un demi-sourire, tourne les talons et reprend sa tournée de selfies. Le matin même, il a assisté à une énième réunion. Le Covid, encore et toujours. Troublant néanmoins de se plaindre devant les caméras d'obligations qu'il convoque lui-même…

En ce mois de juin incertain, Emmanuel Macron débute un tour de France. On le dit « hors sol » ? Ses conseillers vont le montrer enraciné. Les chaînes d'info saturent l'espace avec des faits divers anxiogènes ? Autant offrir le contrechamp d'un pays apaisé. Et Saint-Cirq-Lapopie, deux cent huit habitants et plus beau village de France, coche toutes les cases. Des petites maisons de pierre aux bosquets verdoyants, des ruelles vallonnées, et, en arrière-plan, des collines pomme verte qui plongent dans les eaux du Lot. Emmanuel Macron déambule sous les arcades, les portes fortifiées. Il s'arrête dans les échoppes médiévales bordées de roses trémières, interroge sur les bâtisses Renaissance. Esthétiquement, c'est très réussi. De ce village perché sur un piton rocheux, André Breton avait écrit : « J'ai cessé de me désirer ailleurs. »

Le président surjoue l'air du temps, l'humeur du moment, les terrasses pleines, les jours heureux. Aux autres, notamment Marine Le Pen, les passions tristes.

Les Gilets jaunes lui ont montré de quels bois les Français sont faits. Depuis, il sait qu'il ne peut faire l'impasse sur la France profonde. Il n'a pas perçu cette force irrépressible des citoyens en colère, ces hommes et ces femmes en mal de France, en marge de la République. Le peuple est le peuple, il se révolte contre ceux dont le pouvoir ne change plus rien à leur vie. Emmanuel Macron voit-il réellement ce pays, les malheurs des plus faibles, les angoisses des jeunes dont le seul horizon se résume aux files d'attente à Pôle Emploi ?

Saint-Cirq-Lapopie, donc. Mais ce village rêvé, est-il vraiment « la France profonde » ? Ici, on a voté Macron à 98 %. Qu'importe, il faut gommer l'image d'un président des riches, qui n'a connu aucun mandat local, et au contraire renvoyer celle d'une attache territoriale, lui dont le parti n'a en quatre ans conquis ni une grande ville, ni une région. D'ailleurs, cette fameuse critique sur le président des riches ? Il y répond le lendemain, à quatre-vingts kilomètres de là, à Martel, autre cité médiévale de la vallée de la Dordogne : « Est-ce qu'on peut massivement taper les gros contribuables ? On peut le faire, mais les gros s'en vont ! On me désigne "président des riches", je m'en fous ! » Malgré la présence de quelques Gilets jaunes, Emmanuel Macron déambule dans les ruelles. Sur la place des Consuls, la halle du village, quatorze piliers massifs et une extraordinaire charpente en châtaignier. Au sol, des galets de Dordogne. Autour, le palais de la Raymondie et son beffroi du XIIIe siècle, ou encore l'hôtel Fabri et son élégante tour d'escalier. Soudain, un homme adossé à une arcade de pierre grise, chemise blanche élégante, coupe soignée, l'interpelle :

« J'ai voté pour vous en 2017 mais je ne voterai pas pour vous cette fois-ci.

– Parce que vous pensez qu'il y a des recettes magiques, vous ?

– Il y a beaucoup de choses que vous avez dites et que vous n'avez pas faites.

– Quoi ? Alors ça, ça m'intéresse !

– Le glyphosate, la CSG sur les petites retraites.

– Attendez, c'était dans mon programme, et en 2018, la hausse de CSG a été annulée. J'ai fait ce que j'ai dit !

– Moi, j'ai cru en vous.

– Vous êtes quand même gonflé ! J'ai pris une décision conforme au programme, vous étiez perdant, je l'ai corrigée ensuite, vous gueulez, on la corrige et maintenant, vous me dites que vous n'êtes pas content ! Vous, vous êtes tordu !

– Plus tordu qu'un politique, ce n'est pas possible !

– Je ne sais pas. Je n'ai pas fait de politique avant et je n'en ferai pas après ! »

Drôle d'aveu, drôle de déclaration au beau milieu de ce tour de France qui se veut justement le coup d'envoi d'une précampagne électorale.

Bientôt ce sera la région amiénoise, la terre natale du président, et l'école de Poix de Picardie où a longtemps enseigné sa grand-mère. Mais avant la Picardie, direction Valence dans la Drôme, où Brigitte a ouvert l'un de ses instituts des vocations pour l'emploi.

« Arrête, on s'en fout de tout ça, ne t'inquiète pas ! » Le rire est peut-être un peu forcé mais le timbre de voix est naturel. Le président plaisante au téléphone avec son ancien ministre de l'Agriculture, Didier Guillaume. Sur la terrasse du Bistro des Clercs, dans le centre-ville de Valence, c'est l'effervescence. Emmanuel Macron s'étonne de l'absence de son ami dans ce lieu où ils s'étaient rendus ensemble. Ce mardi, le président entame la deuxième étape de son tour de France destiné à renouer le contact avec les Français. Mais son ancien ministre est préoccupé : vingt minutes plus tôt, une scène, capturée en direct, choque la France et suffoque conseillers et entourage.

Emmanuel Macron est au lycée hôtelier de Tain-l'Hermitage. Dès le matin, une dizaine de Gilets jaunes se sont massés devant le bâtiment cuivré. « Bonjour, comment ça va ? » Le président débute tranquillement sa visite. Il vient participer à un atelier de cuisine avec les chefs Anne-Sophie Pic et Thierry Marx. La rencontre terminée, il s'apprête à remonter dans son véhicule blindé quand, massées derrière des barrières métalliques, des personnes crient, l'interpellent. Il décide de s'arrêter. Il ne peut s'en empêcher, saluer les soutiens, évangéliser les hostiles. Sans réfléchir, en quelques enjambées toniques, le chef de l'État, chemise blanche et pantalon de flanelle grise, s'avance vers eux, mains jointes en prière, sert quelques paumes, entremêle ses doigts à ceux qui se tendent puis s'approche d'un jeune homme, cheveux longs et T-shirt kaki. L'homme agrippe son bras puis, en un quart de seconde, le gifle. En une fraction, sa tête vacille. Immédiatement, sa sécurité le tire en arrière violemment, le retient, car on perçoit bien que le premier réflexe du président boxeur est de répliquer, poings serrés, mains tremblantes. Emmanuel Macron revient, saisit la barrière, veut discuter.

« Quelle honte ! Venez, on ne vous veut pas du mal. Quelle honte, ils sont marteaux ! » crie une femme d'une soixantaine d'années, choquée. Derrière, l'homme qui a laissé échapper un slogan royaliste avant son geste – « Montjoie, Saint-Denis, à bas la macronie » – est à terre, ceinturé par les services de sécurité. « On le sort, on le sort », hurlent les policiers.

« Ce n'est pas le tout d'aller au contact. Il faut être à portée de baffe », avait grincé Xavier Bertrand quelques jours plus tôt, lui reprochant de ne pas aller suffisamment sur le terrain.

Le président poursuit le programme, un déjeuner, et juste après l'incident, cet appel avec Didier Guillaume :

« Pourquoi t'es pas venu déjeuner ? demande-t-il à son ancien ministre.

– Mais ça va ? C'était violent quand même !

– Ne t'inquiète pas, il n'est pas allé loin, dit Macron dans un rire. On s'en fout de tout ça. C'est la vie. À partir du moment où tu vas au contact... »

Le jeune homme aux semelles de vent a un besoin physique et psychique de ces bains de foule. Surtout s'il faut incarner la résurrection, la renaissance, la reconquête.

L'Élysée veut vite clore l'incident. Le soir, une photo est postée depuis les comptes officiels du Palais, le président en bras de chemise qui s'amuse avec Nemo dans l'obscurité de la nuit naissante. Nemo, baptisé du nom d'un personnage de *Vingt Mille Lieues sous les mers* de Jules Verne, l'un de ses romans préférés. Dans l'herbe fraîche, on respire les derniers jours du printemps. Pourtant, malgré les effets de manche, l'inquiétude est là. La crise des Gilets jaunes a installé une rancœur, une colère tenace contre ce président jeune et fougueux qui pointe la responsabilité des réseaux sociaux : « On s'habitue à une haine et une violence sur les réseaux sociaux qui finissent par se normaliser. » Furie médiatique, furie des courbes et des commentaires en cascade, qui usent les neurones et calcinent la raison.

Quelques mois plus tard, il ira plus loin dans l'analyse de ce rejet qu'il suscite : « Nous sommes un peuple qui, à l'égard du chef de l'État, cultive une défiance à la hauteur des attentes qu'il place en lui. Ajoutez à cela le retour de la violence dans nos sociétés qui, de plus en plus, commence en ligne avant de gagner la rue, et vous aboutissez effectivement à ces extrémités. Je condamnerai toujours avec la plus grande fermeté la violence, en particulier quand elle touche des responsables élus. Non pas tant que cela m'atteigne personnellement, mais parce que la remise en cause de l'élection par une minorité est une remise en cause profonde de nos institutions. La démocratie ne tient que par la fin de la violence, parce que tous, nous acceptons de reconnaître la légitimité des dirigeants que nous nous choisissons », me répond-il quand je l'interroge sur ce qu'il a ressenti face aux Français qui, pendant les manifestations des Gilets jaunes, brandissaient sa tête au bout d'une pique.

En attendant, il faut vite effacer l'image de la gifle et quelques heures à peine après, se lancer dans un nouveau bain de foule à Valence.

Brigitte, qui accompagne son mari, ne cache pas son appréhension. « Êtes-vous inquiète pour lui ? » lui demande-t-on. Un silence appuyé, un regard tendu qui fixe l'interlocuteur, et sa main qui ne quittera pas l'épaule du président de tout l'échange.

Un peu plus tard, un jeune pompier volontaire, lunettes carrées et T-shirt bordeaux, interpelle le chef de l'État :

« Est-ce qu'un jour vous allez faire une vraie loi pour le climat pour protéger les jeunes ? Parce que la loi climat, c'est quand même du blabla !

– Ce n'est pas gentil pour les parlementaires, ça », lui répond Macron avec une pointe de sarcasme.

Autre récrimination, l'ISF : « Vous allez remettre l'ISF ? Car la richesse, elle part chez les actionnaires. »

« La promesse de Macron de régénérer la politique est toujours là, mais elle se heurte aux réalités du moment, des élections, analyse Didier Guillaume. Tous les partis manquent de crédibilité. En Marche, c'est une catastrophe absolue dans la gestion politique, LaREM est en lambeaux, Guerini n'arrive pas à prendre les choses en main. En 2022, tout se passera sur la personnalité de Macron. 2017, c'était de la décomposition. La vraie élection, c'est 2022. Je pense que ce sera difficile au second tour, il sera face à Marine Le Pen. Chirac avait fait 82 % en 2002, Macron 66 % en 2017. Là, ce sera une très petite marge, ce qui imposera la recomposition. Et puis, aller au bout du projet macroniste, ça passe aussi par la proportionnelle. C'est fini, les partis politiques dominants. LaREM est incapable d'être un parti politique dominant. Même un parti politique tout court, il n'y arrive pas ! »

La République en marche est le bras malade de la macronie. Un parti sans leaders, sans militants, sans élus, sans idées. Un parti qui n'est pas adapté à l'entrée en campagne présidentielle. Depuis des semaines, ressurgit le projet de « maison commune », un projet aussi vague que l'idiome est creux. Il y a quelques mois, Stanislas Guerini invite Édouard Philippe, alors Premier ministre, à une réunion au siège du parti. Le thème ? La bienveillance municipale. « Bon, le Premier ministre est un peu débordé, ce sera pour une prochaine fois », répond, gêné, un conseiller de Matignon, pour permettre à Édouard Philippe de se dérober.

15.

La garde du corps

« Je t'assure que c'est rien ! Ça arrive, c'est les aléas du truc, de la fonction ! » Quelques heures à peine se sont écoulées depuis la gifle, mais déjà, Emmanuel Macron retrouve la légèreté et le ton badin qui lui viennent facilement quand il n'est pas écrasé par le poids du quotidien. Cela fait plusieurs mois que Sibeth Ndiaye a quitté le gouvernement, mais Macron et elle se parlent régulièrement. Sibeth Ndiaye est tout de même un peu préoccupée. Elle était avec lui cette fameuse nuit au Puy-en-Velay où des Gilets jaunes, après avoir incendié la préfecture trois jours plus tôt, se sont mis à courser puis à encercler la voiture blindée du chef de l'État. Un homme s'est alors rué sur la vitre et a commencé à frapper le véhicule en hurlant : « Sale fils de pute ! On aura ta peau ! » Dans la voiture, de l'autre côté de cette vitre, le président de la République. Vite, un policier armé d'une valise dépliante pare-balles s'interpose entre le véhicule et l'assaillant. « Même là, il n'a pas eu vraiment peur, confie Sibeth Ndiaye. On est entourés de professionnels de la sécurité, de personnes qui savent quoi faire au moment où il faut le faire. Les moments les plus difficiles du quinquennat, ce sont ces jours-là, la violence et la haine d'une partie de la population, mais la peur, non. » Quelques jours plus tard, les services de sécurité ajouteront un nouvel exercice à leur entraînement : évacuer le chef de l'État si sa voiture est retournée par une foule.

« La peur, le poids de la décision, ce sont surtout les opérations militaires, notamment les otages au Mali, poursuit Sibeth Ndiaye. Le président est seul à décider d'envoyer des hommes et à devoir en assumer les conséquences. Ça a été dur, mais il n'a pas tremblé. C'est là qu'on reconnaît les gens faits pour exercer le pouvoir. La fonction prend le pas sur l'homme. Après avoir pris la décision, tu es seul devant ton miroir, seul le soir dans ton bureau, seul face à la mort de ces deux hommes. On peut venir te taper sur l'épaule, te dire que t'avais bien fait, tu peux avoir eu whatmille paroles rassurantes de ton entourage, tu portes seul la responsabilité, et ça, il l'a ressenti ce jour-là très profondément. Il était très affecté. Il a envoyé des gens à la mort. »

Pour évoquer cette charge, Emmanuel Macron parle du « singe sur l'épaule », la responsabilité suprême de vie et de mort. Le 9 mai 2019, il donne l'ordre à une unité d'élite de la marine de récupérer au nord du Burkina Faso des otages. Deux soldats meurent. Lors de la cérémonie aux Invalides, quatre jours plus tard, le président clame d'une voix sombre : « C'est le sens même de l'engagement, la part tragique de la mission. Et vous le saviez. » À la main, il ajoute dans son discours : « Et avec vous, je le savais. » Trois ans après, quand je l'interroge, il se souvient : « Tous les moments ont leur irréductible singularité et je me garderais bien de distinguer les douleurs et les difficultés. Mais il est vrai que lorsque deux militaires parmi les plus brillants de leur génération, Cédric de Pierrepont et Alain Bertoncello, meurent au combat suite à une décision que vous avez prise, vous vivez dans votre chair le tragique de l'Histoire. »

Beaucoup de choses ont été écrites sur Sibeth Ndiaye. Son parcours, son franc-parler, ses rapports rugueux avec la presse, ses tenues, son influence, tout y passe, dont pas mal de fantasmes. Mais une chose est certaine : elle garde encore aujourd'hui une très grande proximité avec le chef de l'État – « on ne se parle pas tous les jours, mais presque » – malgré son départ du gouvernement il y a plus d'un an. Le chef de l'État a confiance en elle, en son jugement, en sa loyauté, en son efficacité. C'est d'ailleurs pour cela qu'il l'a chargée de s'occuper de la structuration du parti, avec Stanislas Guerini, pour poursuivre l'œuvre d'En marche. Il a bien été un peu interloqué quand elle a décidé de raccrocher du gouvernement, après des mois d'une violence folle, mais les liens n'ont jamais été rompus. « Tout de suite après la passation de pouvoir avec Gabriel [Attal], je suis dans ma voiture pour rentrer chez moi, mon téléphone sonne, Emmanuel : “Tu passes me voir demain ?” » Sibeth Ndiaye a alors quitté ses fonctions depuis moins d'une heure. « J'avais prévenu Alexis [Kohler] de ma décision depuis plusieurs semaines, et on m'a proposé plusieurs secrétariats d'État. Mais j'ai choisi ma vie privée, mes enfants. Le matin même de la passation de pouvoir, on m'a proposé le duo à Beauvau avec

Darmanin. Là, j'ai réfléchi, car j'aime beaucoup Gérald, et le portefeuille me parlait, la gestion des cultes dans un pays qui est hystérique sur la religion musulmane, c'est un truc. »

Mais sa décision est prise. Le président a eu du mal à l'accepter, mais « nous n'en sommes pas au même stade dans nos vies. Son couple est fait, Brigitte ne va pas le quitter. Moi, mes enfants sont encore petits, mon mec en avait ras les couettes. Le président n'a pas compris pourquoi. Il se fond dans le pays, le pays c'est lui. Il a ça dans le sang ».

« Tu reviendras, tu verras, lance le président à la fin de leur discussion.

– Oh bah oui, bien sûr, bois de l'eau ! »

Finalement, Macron n'avait pas tort : depuis cet appel le jour où Sibeth Ndiaye quitte ses fonctions, et leur long entretien le lendemain, les échanges sont constants, et la parole toujours aussi libre : « On a des rapports souvent houleux car je vais tout le temps au combat. Mais lui n'aime pas le conflit. »

Elle continue à le tutoyer et à l'appeler par son prénom en privé, à le rudoyer également. « C'est fusionnel entre nous. Fusionnel implique beaucoup d'engueulades, hein ! J'ai le sang chaud, donc je boxe, je boxe, je boxe, jusqu'à ce qu'il parte de la pièce, qu'il renonce. Soit il est extrêmement convaincu de ce qu'il pense et il finit par me gueuler dessus aussi, soit il n'est pas convaincu et il se tait. Et dans ce cas, je me dis que j'ai peut-être gagné donc je vais *step back* et attendre que ça mûrisse ». Comme il n'aime ni le conflit, ni les fâcheries, il conclut souvent d'un « nous sommes d'accord sur nos désaccords ».

Ce qui la met le plus hors d'elle ? Ses petites phrases. « Il peut m'exaspérer à un point inimaginable, tu crames des heures de boulot comme ça. Sois concentré, quoi ! Moi, ça m'a toujours mise en rage. Après chaque petite phrase. Par exemple, le "Gaulois réfractaire", j'étais tellement d'accord : ouais, on est un peuple de gens qui disent qu'ils vivent en enfer alors qu'ils sont au paradis ! Je lui ai souvent répété : "Je comprends pas les moments où tu pars en quenouille." Sur le coup, il est de très mauvaise foi, mais je pense qu'après, il s'en veut. J'en suis même certaine. Après "traverser la rue pour trouver un emploi", on a eu une très longue période sans petites phrases. » En effet, le verbe si peu contraint et prompt aux emportements est désormais dompté.

Macron sait que jamais elle ne brisera sa confiance, une valeur cardinale pour lui. Il l'a beaucoup protégée, notamment du racisme. Car dans ce monde aux vieilles mœurs, parfois rances, il y a des scènes qui ne s'effacent pas pour cette femme noire d'origine sénégalaise. Quand des policiers l'empêchent d'accéder aux Champs-Élysées pour une cérémonie officielle alors qu'elle est membre du gouvernement. Quand, dans l'hémicycle du Sénat, un élu lui glisse : « Votre coiffure m'empêche de voir », alors qu'elle siège au banc des ministres. Emmanuel Macron l'a préservée, s'assurant toujours de sa présence. Mais il n'a rien pu faire contre la fureur des réseaux sociaux après sa nomination au poste de porte-parole du gouvernement. Sa tenue, trop colorée, sa coiffure, trop africaine, son style, trop cash. La jeune femme, qui en a vu d'autres, encaisse et ne faiblit pas. « Je les emmerde », lâche-t-elle.

Sibeth Ndiaye est aussi une des rares femmes à partager une part d'intimité avec le président. Elle sait par exemple qu'il ne faut pas entrer dans son bureau s'il y a de la musique, Bach, Léo Ferré, Liszt. Dans un coin de la pièce, tel un trophée, le ballon de Mbappé. Et dans le dos du président, seul cadre au centre d'une console engloutie de livres de philosophie, de médecine, de poésie, une image en noir et blanc, sa grand-mère.

« La perte de ma mère nous a beaucoup rapprochés, avec Emmanuel ; il a perdu sa grand-mère un an avant que ma mère décède. Ce jour-là, j'étais quand même venue travailler. Il est venu me voir et m'a dit : "Je comprends que tu sois là." » L'après-midi, le président revient et dépose sur le bureau de Sibeth *Journal de deuil* de Roland Barthes. « Lis, ça m'a beaucoup aidé. »

Quelques jours plus tard, sa mère est enterrée au Sénégal. Sibeth Ndiaye grimpe les quelques marches du parvis de l'église, et son regard est attiré par une gigantesque couronne blanche. « Je me penche, c'était Emmanuel. Ça nourrit le lien, quand même », dit-elle doucement, les yeux nimbés de brume.

Avec lui, la jeune femme a vécu le deuil, l'ivresse de la conquête, la rudesse de l'exercice du pouvoir, les torrents de boue une fois nommée au gouvernement, le racisme. « Mon père a fait de la politique à haut niveau, donc j'ai été éduquée dans l'idée que la politique est un sport de combat. Il a fait une campagne présidentielle en allant dans des zones du Sénégal, en Casamance, avec des gens qui veulent faire sécession, les Corses locaux, mais les Corses version attentat. J'ai vu mon père partir en ne sachant pas comment ça allait se passer sur place. Oui, c'est très violent la politique. »

Elle a aussi vécu les appels tard dans la nuit pour la rappeler au Palais alors qu'elle venait tout juste de rentrer chez elle. « C'était ma hantise », le cauchemar de l'écriture des discours. Pour le président, son image en photo n'a aucune importance, en revanche, les écrits sont capitaux. En général, il discute avec la personne chargée de rédiger le discours, qui écrit un premier jet, puis « c'est parti pour un tunnel infernal de réécritures pendant des semaines. Si celui qui écrit s'en sort vivant, normalement, il y a un texte ». Son pire souvenir ? La disparition de Johnny Hallyday. « Le discours était prêt, il avait été envoyé au président plusieurs fois. Et le samedi matin, Emmanuel descend de l'appartement dans le bureau d'angle et me dit : «"Ça ne va pas le discours." Il l'a entièrement réécrit deux heures avant la cérémonie. Et comme toujours à la main ! » Et voilà Sibeth Ndiaye et Sylvain Fort, quelques instants avant l'hommage au monument Johnny, en train d'essayer de déchiffrer « les pattes de mouche d'Emmanuel ».

Leur proximité l'autorise aussi à une grande liberté de parole sur le président : « Emmanuel est quand même le pire DRH de l'histoire de l'humanité. Il ne sait pas gérer les gens. Il est lamentable en ressources humaines, des fois, il fait des choix, tu te dis : "Mais t'as fumé la moquette." On a mis des ministres à des postes, je lui demande : "T'es vraiment sûr de toi ? Ça ne va pas marcher." Agnès Buzyn candidate à Paris par exemple, c'était l'enfer sur terre, un désastre. Mais il nous a dit : "Faites le nécessaire", et tu comprends que ça veut dire partir de ta journée de travail qui est quand même longue et difficile, et le soir, tu vas au QG gérer la presse d'Agnès Buzyn ! »

Aujourd'hui, si Sibeth Ndiaye a rejoint officiellement le privé, elle accompagne tout de même le président en vue de 2022 : « Le premier mandat d'Emmanuel Macron aura été un quinquennat plutôt de déstructuration. Le second quinquennat doit être un quinquennat de restructuration. T'as déboulé comme un chien dans un jeu de quilles, dans un contexte de pourrissement politique. Je ne pense pas du tout qu'on ait explosé le clivage entre la droite et la gauche au sens culturel du terme. En revanche, ce qu'on a explosé, ce sont les partis. »

Mais alors, pourquoi s'acharner à vouloir reconstruire une nouvelle force politique ? « C'est ce qui permettra à ce qu'il a créé de perdurer dans le temps, y compris si les électeurs lui prêtent un second mandat. Pour construire quelque chose qui dépassera Emmanuel Macron. Le truc consistant à dire "il y a les vrais, les historiques, les Mormons", ça me met en rage parce que, putain, notre truc, c'est de parler de dépassement, pas de rester arc-boutés sur "nous, on a été les premiers à avoir cru en lui". Pour moi, c'est pas le sujet. »

La situation politique, les Zemmour et autres, la volatilité des électeurs, tout cela l'inquiète, tout comme le président : « Ça date de la fin de Chirac et du début de Sarkozy. Malgré tout ce qu'on dit du divorce entre les élites politiques et les Français, la parole est performative. Quand tu répètes en permanence que ton problème est l'autre et que si l'autre n'existait pas, tu vivrais dans un eldorado merveilleux, ça imprègne la société. Ce discours politique performatif a désigné l'immigré, l'étranger, l'autre, l'altérité, comme étant un problème. Ça n'est d'ailleurs pas que l'immigré, l'autre. C'est aussi l'urbain quand tu es rural, le riche quand tu es le pauvre. Le discours oppose des figures et donc cristallise dans la société des comparaisons et des tiraillements au lieu de participer à construire une nation ensemble. “Comment est-ce qu’on tisse les mille liens invisibles ?” pour reprendre une expression d’un discours de Macron. »

Le discours politique aurait donc contribué à désagréger le vivre-ensemble, la capacité à former une nation. « Il y a une responsabilité politique, et Zemmour, c’est l’incarnation de l’anti-France, mais il est bon. Et les médias adorent, car ça fait vendre. Mais, le jour où il rentrera dans le dur, et d’ailleurs tu vois à peu près comment tu le prends, c’est-à-dire que le mec est complètement aux fraises sur tout autre sujet que tabasser les immigrés. En dehors de ça, il ne pense strictement rien, il ne pense pas son pays. Un chef d’État, c’est quelqu’un qui s’interroge sur l’identité de la nation. C’est aussi quelqu’un qui s’occupe de faire en sorte que les gens puissent bouffer. »

N’est-elle pas rassurée par les bons sondages en faveur d’Emmanuel Macron ? « Il n’y a rien de plus dangereux que le discours que j’entends parfois chez nous : “Ils sont tellement nuls en face qu’on gagnera sur leur nullité.” Considérer qu’il suffit de dire “c’est moi ou le chaos” ne marche pas non plus. Et le Front républicain, encore faut-il qu'il y ait quelqu'un derrière. » Entre ses lèvres, le piercing est toujours là. Elle les emmerde.

16.

Wokisme et dépendance

Mâchoires crispées, regard fuyant, Jean-Baptiste Djebbari tente de dissimuler ses tourments. Le fringant ministre des Transports pense ses jours au gouvernement comptés. Une de ses conseillères en couple avec un journaliste n'a rien trouvé de mieux à faire que de révéler en quasi direct à son compagnon la teneur d'une réunion à Matignon. Fureur de Jean Castex. De plus, le gouvernement bruisse des soirées organisées au ministère des Transports pendant le confinement. « Djebbari a peur de sauter à cause de l'histoire de la fuite, puis des arbitrages en public malencontreux alors qu'on ne lui avait pas demandé d'ouvrir sa bouche », confie Marc Fesneau, ministre des Relations avec le Parlement.

Mais pour l'heure, autant profiter de la douceur de la soirée, de ce dîner dans les jardins de l'Élysée. Après tout, il y est encore, au gouvernement. Et ce soir de fin juillet 2021, le président reçoit ses ministres autour d'un buffet pour saluer l'année passée. Même si au lendemain des régionales, une humiliation après le naufrage des municipales, tous ont cru un remaniement proche. Les Marcheurs se voulaient les arbitres des élégances à droite et à gauche, ils ne furent ni l'un ni l'autre.

À bonne distance, Gérald Darmanin et Éric Dupond-Moretti s'ignorent. Tous ont en tête leur violent échange avant un Conseil des ministres quelques semaines plus tôt, dans l'antichambre du salon des Aides de camps. À ce moment-là, Dupond-Moretti ne digère pas les félicitations publiques adressées à Xavier Bertrand par le ministre de l'Intérieur. Il l'attaque brutalement :

« Tu as bien prononcé ces mots ? C'est pathétique, c'est dégueulasse, c'est une trahison pour tous les colistiers.

– Depuis quand critique-t-on quelqu'un qui a gagné une élection ? riposte Darmanin. Commence déjà par gagner une élection !

– On ne parle pas de victoire. On parle de ta loyauté ! »

L'échec libère les rancunes et favorise les règlements de compte. Mais les régionales ? « Le président se contrefout des régionales, c'est anecdotique pour lui ! » explique le secrétaire d'État Cédric O. Au lendemain de ce scrutin catastrophique pendant lequel, moquerie de l'histoire, Emmanuel Macron, votant au Touquet, a dû glisser un bulletin « Xavier Bertrand » dans l'urne pour faire barrage au RN, il s'affiche avec la première fortune française, Bernard Arnault, pour l'inauguration de la Samaritaine ; le soir, c'est un quadra juvénile que l'on retrouve dans la cour de l'Élysée, Jean-Michel Jarre aux platines. Il a même dans l'après-midi reçu au Palais la pop star Justin Bieber. Des images assez sidérantes. Une journée joyeuse et légère pour passer sous silence le désastre électoral de la veille. Mais après cette élection où un record d'abstention a été battu, où la cote d'alerte démocratique semble atteinte, où son parti ressort comme le principal perdant, dire « faites la fête », la parabole semble grossière.

De toute façon, quelques jours plus tard, ce ne sont pas les régionales que le président a en tête en réunissant son gouvernement pour le dîner de fin d'année. C'est encore le virus, dont les chiffres explosent. Le matin, il s'est de nouveau emporté en Conseil de défense : « Il n'est pas acceptable que des gens s'inscrivent aujourd'hui pour se faire vacciner et aient un rendez-vous mi-août. Ce n'est pas acceptable ! Je veux qu'on blinde les centres vaccinaux ! » Le virus l'accapare : « Nous faisons face à une croissance exponentielle du virus. Le variant Delta a complètement changé la donne, c'est du jamais-vu ! »

Les tables sont dressées sur la terrasse arrière, face aux jardins du Palais, sous les fenêtres du bureau présidentiel. Une quiétude estivale baigne la capitale. On se presse autour du buffet, entre les bosquets d'hortensias et de véroniques, préservé du bruit du monde par la ligne d'arbres centenaires. Nemo gigote entre les tables, et le président, de bonne humeur, virevolte entre les convives, a un mot pour chacun. Tous sont heureux d'en être, certains sont venus avec leur conjoint, d'autres n'ont pas osé, d'autres encore ont leur moitié présente mais ne l'assument pas. « Ce que tu fais sur l'éducation prioritaire, c'est absolument essentiel », lance le président à Nathalie Élimas, la secrétaire d'État. Elle n'en revient pas, convaincue que le président ne connaissait même pas son prénom, même si son portefeuille dévolu « à la correction de l'impact des inégalités sociales et économiques sur la réussite scolaire » se veut un symbole de la jambe gauche macronienne.

Jean-Michel Blanquer plaisante avec sa complice Brigitte. Les autres font de la politique : Sébastien Lecornu passe le dîner à clamer qu'il ne restera pas à l'Outre-mer car il doit s'occuper de la campagne. Et Djebbari ? Il continue à craindre d'être débarqué prochainement. Finalement, le lendemain, au pot de fin de session à l'hôtel de Lassay, le jeune ministre est rassuré : « Je ne pensais pas être encore là et je vais passer l'été à mon poste », plaisante-t-il avec Blanquer.

La secrétaire d'État Olivia Grégoire joue avec Nemo, le labrador présidentiel, quand soudain un huissier intervient : « Madame la ministre, madame Macron ne veut pas que le chien joue à table pour ne pas prendre de mauvaises habitudes. »

Le président regarde les conjoints des ministres : « Je sais ce que je vous fais supporter, je vous remercie. » « Le président a adressé un mot court, ce qui est très rare pour lui, souligne, blagueur, le ministre Marc Fesneau. L'ambiance était bonne, détendue, car beaucoup se sont dit que s'ils étaient invités fin juillet, ça voulait dire qu'ils seraient encore là en septembre, et donc qu'il n'y aurait pas de remaniement. » Le jour tombe, se souvenant encore de l'été.

Quelques jours plus tôt, le 12 juillet, dans un bar longeant les quais de Seine sous le Pont-Neuf, une autre bande appelée le Trait d'union se presse. On y retrouve les anciens, les historiques, Jean-Marie Girier, Sylvain Fort. On aperçoit aussi quelques ministres, Sébastien Lecornu, Clément Beaune ou encore le député européen Stéphane Séjourné. Même Benjamin Griveaux est de retour au conseil national de LaREM. Les artisans de la conquête veulent de nouveau jouer un rôle. En clair, l'arrière-boutique macroniste se prépare pour 2022. Un comité de pilotage, le G7, se met en place. Stéphane Séjourné et Sibeth Ndiaye y participent tous les vendredis autour de Stanislas Guerini.

Pour Marc Fesneau, « faire revenir Griveaux est un peu bizarre. Il y a un mythe entre eux quand, à dix, ils ont monté une épopée de dingue, amenant le président là où il est. Ce rêve-là subsiste encore. Mais je suis sûr que le président ne fera pas une équipe comme celle de 2017. L'équipe traduit aussi la campagne ».

Au cœur des discussions ces jours de juillet, la création d'une structure commune, d'un parti pour remplacer le parti présidentiel déliquescent : « Il faut faire quelque chose qui identifie cet espace au centre. Il faut une étiquette », analyse Fesneau. « La vraie reprise en main du parti, c'est Richard Ferrand. Aujourd'hui, quand vous dites je suis LaREM, on navigue entre "je ne sais pas ce que c'est" et ceux qui la détestent du fait de l'arrogance des débuts. Il faut penser présidentielle, législatives et après. Il faut un parti qui assume son positionnement central. » Les grimoires des congrès et les cadastres des baronnies n'ont jamais été la tasse de thé d'Emmanuel Macron. Ce n'est ni sa culture, ni son histoire.

Et quid de la Maison commune, le nom qui commence à circuler en interne ? « La Maison commune, ça ressemble plutôt à une maison close, c'est-à-dire à l'horreur. On ne veut pas l'auberge espagnole. Sinon, c'est l'émiettement qui est en cours. Il faut quelque chose qui incarne l'ensemble. » Un ensemble qui tremble sur ses fondations.

Et Stanislas Guerini, le fidèle du président, tenu pour responsable de l'état du parti, que l'on sortirait en échange d'un poste au gouvernement ? « Changer Stan ? Je le connais, je l'aime bien, je vois bien ce qu'on lui reproche. S'il n'y avait que des voyous comme lui, ce serait très bien. Après, il a un parti qui est ingérable, mais ce n'est pas de sa faute. Et puis, je ne suis pas sûr qu'il ait envie du secrétariat d'État aux choux farcis. Si vous sortez Vidal et Djebbari, il va rester Dupond-Moretti et sa mise en examen et ça va être “pourquoi lui resterait” ? » poursuit Fesneau.

Comme à chaque fois depuis le début de la pandémie, le virus rattrape Emmanuel Macron, vampirise l’agenda, annihile toute reprise en main politique. Nietzsche, dans *Le Gai Savoir,* avait décrit le fragment de l’éternel retour : « Imagine que cette vie que tu vis, tu la revives encore et encore, cette toile d’araignée et cette lune, pour l’éternité. » Il faut de nouveau tancer les Français sur la vaccination, imposer des contraintes aux restaurateurs qui sortent de longs mois de fermeture. Même les Jeux olympiques au Japon n’ont pas la saveur escomptée.

Jean-Michel Blanquer en revient à peine, en ce matin de juillet. « C’était super, des JO résilients », dit-il en tentant de dissimuler la fatigue des longues heures de vol. Quelques bâillements le trahissent, mais tout de même, il est heureux de parler, d’évoquer son action à la tête de ce grand ministère : « Je battrai le record de longévité bientôt, j’ai déjà battu François Bayrou. » Surtout, on le sent fier d’avoir accompagné le président pour ces Jeux à Tokyo. Il a pu avoir un moment privilégié avec le chef de l’État pendant le vol, comme il le confie par texto à un proche. Depuis son refus de porter la tête de liste En marche aux élections régionales en Île-de-France, il était quelque peu ostracisé par les caciques de la majorité. Certains membres du gouvernement sont même allés jusqu'à faire courir des bruits sur sa vie privée... Donc ce voyage au Japon, ces moments avec le président, il les savoure.

L'homme est un grand affectif, surtout dans sa relation au chef de l'État et à son épouse. Il y a quelque temps, le président argentin est venu déjeuner au ministère de l'Éducation nationale. Brigitte s'est invitée, comme elle le fait parfois. « C'est le témoignage du lien et de l'affection qu'il a avec Brigitte, avec le couple », m'explique un intime.

Les régionales, Blanquer a en effet refusé d'y aller. Mécontent, le président lui demande néanmoins de jouer la comédie jusqu'à Noël pour « forcer Pécresse à négocier ». Mais le bon élève refuse. Gabriel Attal s'autorise alors des rumeurs sur son couple, sur la fatigue du ministre, sur le « refus d'obstacle ». Alexis Kohler, l'invariant du président, est plus radical : le secrétaire général de l'Élysée demande au ministre de ne pas publier un livre pourtant prévu et de repousser le lancement de son think tank. Le volume des échanges avec le président se tarit. « Il a eu ses trois mois de punition et là, c'est reparti » confie un membre de son cabinet.

Sa relation particulière avec le couple Macron n'a jamais été véritablement entachée par les soubresauts politiques. Il est le seul membre du gouvernement à dîner parfois avec le couple. Brigitte, l'histoire est connue, est celle qui l'a repéré, puis poussé auprès de son mari. Ils entretiennent depuis le début du quinquennat des liens privilégiés : la Première dame vient parfois déjeuner à l'hôtel de Rochechouart où Jules Ferry a inventé l'école républicaine ; le bureau du ministre se cache derrière une immense façade en pierre de taille et ses chapiteaux corinthiens. Après avoir patienté dans le salon ovoïde des Alechinsky, du nom du peintre qui a signé les cinq arabesques colorées qui ornent la salle, on pénètre dans le bureau du ministre, le salon d'honneur de l'hôtel. Lustre imposant, marqueterie dorée, des livres dans chaque recoin, de la poésie plein les tiroirs, la pièce au décor Louis XVI s'ouvre, comme la plupart des bureaux de ministres, sur des jardins, et ce platane deux fois centenaire que Jean-Michel Blanquer va fréquemment effleurer. C'est d'ici qu'il pilote la plus grande administration de France avec plus de douze millions d'élèves. Il y a un an, il aurait volontiers fait un pas de côté, quitté ce bureau pour l'Intérieur ou même Matignon. Il n'en fut rien.

Pour l'élection, Jean-Michel Blanquer travaille sur les sujets républicains au sens très large, sur une nouvelle vision du contrat social français. « Mon objectif est que le mot “République” ne soit pas simplement un mot d'incantation ou valise ou une notion désuète, mais un projet pertinent pour le XXIe siècle. C'était l'implicite du projet de 2017, dépasser le clivage gauche-droite, la République unie et aussi donner sa substantifique moelle à la notion de république. Le but, c'est d'être gramsciste : il y a d'énormes batailles culturelles à mener actuellement face à la cancel culture, l'islamo-gauchisme, les mouvements intersectionnels, les mille identités plus victimaires les unes que les autres. Ce dont on a besoin aujourd'hui, c'est l'unité du genre humain sur une base qui n'est pas différentialiste. »

Gramsciste ? Du nom d'un penseur italien, Antonio Gramsci, repris à l'envi par les politiques de tous bords. Je l'entendrai d'ailleurs dans la bouche d'Emmanuel Macron quelques jours plus tard.

« Mais les Français seront-ils sensibles à ces notions ?

– Oui, si on est concret. Les gens ont besoin d'être rassurés sur leur avenir. Les ingrédients de 2017 n'ont pas vieilli, un dépassement des clivages, un optimisme qui était la chose qui plaisait le plus, un optimisme assumé, la bienveillance. »

Un ministre en guerre contre le wokisme et la cancel culture, ces courants de pensée venus des universités américaines qui trouvent un écho dans une partie de la gauche. Il y voit une remise en cause des libertés individuelles, de la laïcité, une acceptation du communautarisme. Persuadé que ces thèmes seront au cœur de la campagne, il s'organise pour peser.

Jean-Michel Blanquer poursuit : « Je considère que j'illustre le dépassement des clivages, les mesures les plus sociales de ce gouvernement ont été réalisées dans la maison où vous êtes [à l'hôtel de Rochechouart], et en même temps, j'ai affiché une ligne plutôt régalienne qui peut être considérée plutôt de droite. Dépasser les clivages, c'est attaquer par le haut la réforme des retraites, la réforme du système éducatif. Tout passera par l'éducation. »

L'homme n'est pas agrégé de droit et docteur en philosophie pour rien. Il y a des années, il avait même ambitionné, avec son ami d'enfance François Baroin, de réécrire les Droits et les devoirs de l'être humain. Si les relations avec les syndicats restent classiquement rugueuses, personne ne conteste son expertise et de solides convictions. Blanquer est comme cela, un homme pudique qui voit les choses en grand. On le sent profondément habité par sa mission, par le diagnostic qu'il pose sur la société de cette école française malade de ses inégalités. Est-il effrayé par les passions tristes – autre concept fréquemment employé par Emmanuel Macron – pour 2022 ?

« Il y a un pessimisme français depuis plusieurs décennies, à ranger au rang des passions tristes. Il y a une France de l'optimisme, de la joie de vivre, de l'esprit d'entreprise, c'est *Fanfan la Tulipe*, *Les Trois Mousquetaires*, c'est Cyrano, les combattants de 14-18, c'est la France qui recrée les JO avec Coubertin, la France de l'ambition, de la joie d'être au monde, de l'idéal plutôt que la France du pessimisme, de la peur du voisin. Aujourd'hui, l'optimisme est passé par la lessiveuse Gilets jaunes, la lessiveuse Covid. Mais il y a encore une crédibilité à ce projet. Si l'élection avait lieu aujourd'hui, elle serait sans doute gagnée, mais pas de façon éclatante. La plus grande menace, c'est un excès de confiance. On peut être favori et ne pas y arriver. »

J'insiste : « Qu'est ce qui pourrait faire perdre Emmanuel Macron ?

– Ne pas être assez clair, net et précis sur le régalien. Au nom de notre positionnement au centre, nous pensions pertinent de faire du mi-chèvre mi-chou sur les sujets de protection des Français, de clarté du contrat social. Il y a eu des reculs depuis vingt ans qui expliquent le vote Le Pen.

– Et que reste-il de gauche en Emmanuel Macron ?

– La gestion de la crise a été profondément sociale, la priorité à l'éducation, c'est social. Cette dimension de la présidence Macron est incontestable. L'ex-gauche a su en début de quinquennat ancrer l'idée de président des riches quelles que soient les réalités », soupire-t-il.

Nous terminons l'entretien avec ce qui a été un des moments les plus difficiles du quinquennat pour Emmanuel Macron, l'assassinat du professeur Samuel Paty : « On était ensemble, on y est allés ensemble. Je ne l'ai pas vu fléchir, mais je l'ai vu grave, et puis très vite conscient de la pertinence de la ligne républicaine face à ce genre de choses. » Le ministre raconte ce moment d'une voix calme où tressaille l'émotion. D'ici quelques jours, il partira se reposer quelques semaines avant de préparer sa dernière rentrée scolaire rue de Grenelle.

En cette fin juillet, Emmanuel Macron, lui, ne veut pas appuyer sur pause. Même au cœur de l'été, les déplacements filent à toute vitesse, au rythme des crises et des urgences. Quand il est à Brégançon, il n'arrête pas, boxe, ping-pong avec son coach dans les sous-sols du fort, il faut bouger, transpirer, s'épuiser. De toute façon, « il ne décroche jamais », sourit Cédric O. Au cœur de l'été, le secrétaire d'État au numérique, un zélote macroniste de la première heure, prend quelques jours de repos en famille dans un coin reculé de Sardaigne. Le vendredi 13 août, une panne informatique empêche la plupart des pharmaciens de délivrer les QR codes attestant d'un test antigénique négatif alors que les Français en ont besoin pour voyager ou se rendre aux restaurants. « Alors ? » Cédric O reçoit un premier SMS du patron. Le ministre, installé dans les collines reculées sardes sans réseau wifi correct, sent la pression monter. Quelques minutes plus tard, un deuxième message, « Alors ? », et ainsi de suite pendant les heures où durera la panne. « En même temps, il n'avait rien d'autre à faire, il déteste les vacances », plaisante Cédric O.

L'anecdote est tout de même révélatrice de ce qu'aura été cette présidence. Un Emmanuel Macron omniprésent, omnipotent, qui se charge de tout lui-même car il n'a confiance en personne.

17.

Le pouls du pays

« Le pouls, c'est ma grand-mère. Ma grand-mère dans un club de bridge de Boulogne-Billancourt. » Gérald Darmanin plaisante avec son interlocuteur qui veut lui prouver à quel point la droite est en position de force en cette rentrée. Le ministre de l'Intérieur abonde : « Et ma grand-mère, c'est de Xavier Bertrand dont elle parle. » C'est une figure de style, Darmanin vient d'un milieu modeste du nord de la France, son grand-père s'appelait Moussa, mais l'ancien lieutenant de Nicolas Sarkozy, l'ancien directeur de campagne de Xavier Bertrand, juge aussi la droite en forme. Ce qui ne veut pas dire qu'il trahira le moment venu. Ni qu'il ne le fera pas.

« Darmanin met plusieurs plats au feu et il tirera la ficelle au moment opportun. La politique, c'est comme en amour, on peut être fidèle successivement », philosophe un responsable de la majorité.

L'échange a lieu dans la salle des fêtes de l'hôtel de Beauvau, au majestueux hall de marbre rouge, sous les tentures d'Abbeville représentant le sacre de Charles X. C'est l'un de ces moments typiquement parisiens dont la République héritée de l'Empire a le secret.

Ce soir de septembre, Gérald Darmanin remet en grande pompe la Légion d'honneur au banquier star de chez Rothschild, Grégoire Chertok, qui a connu Emmanuel Macron lors de son passage dans la même banque. Les deux hommes continuent à se fréquenter. Beaucoup. Chertok lui organise des dîners avec des figures du monde littéraire. Leïla Slimani, des grands patrons, le ban et l'arrière-ban de ce que Paris compte de puissants se pressent dans les salons. Même Brigitte Macron apparaît, reste un moment. Le président est coincé à Marseille, il voulait venir mais il est retenu.

Xavier Bertrand, Valérie Pécresse, voilà les deux candidats qui inquiètent alors la macronie. Pourtant, au sortir des élections régionales, c'est précisément sur les terres de Bertrand que Macron a lancé la focale médiatique pour une visite à l'usine Renault de Douai. Dans la nuit, Bertrand a été largement réélu et il ne boude pas son plaisir en posant dans une 4L affublée, à l'occasion de la visite d'Emmanuel Macron, du logo « Présidence de la République ». En accueillant le chef de l'État, Xavier Bertrand pointe l'abstention. « Elle dit beaucoup de choses. On va tous en tirer les conséquences », réplique Emmanuel Macron, le visage fermé.

Cette confrontation avec Xavier Bertrand est-elle efficace ? En envoyant cinq ministres se mesurer à lui aux élections régionales, en se rendant lui-même sur place, Macron dresse Bertrand en opposant numéro un. Mais il tient à ce déplacement dans sa région natale.

Entre le président de la région Hauts-de-France et l'actuel chef de l'État, la rancœur est profonde, tenace. À l'origine ? Un très mauvais tour qu'ont joué Macron et son équipe à l'ancien ministre de Sarkozy.

Avant même le premier tour de 2017, l'information selon laquelle Emmanuel Macron ne serait pas contre un Premier ministre issu de la droite circule. Le conseiller Xavier Chinaud navigue à l'époque dans l'équipe du candidat Macron.

Il reçoit en ces jours de 2017 deux coups de fil : l'un d'Édouard Philippe disant sa disponibilité, l'autre de Xavier Bertrand, un peu plus prudent. Les stratèges du candidat Macron, Alexis Kohler en tête, avaient casté depuis quelque temps le profil de l'ancien ministre de Nicolas Sarkozy.

« Tu veux que je te monte un rendez-vous, tu veux aller goûter l'eau ? » demande Chinaud à Bertrand. Après la réponse positive de Bertrand, le rendez-vous est monté, avec une condition émanant d'Emmanuel Macron et d'Alexis Kohler : « Il faut qu'il donne un gage. » Un geste d'allégeance. Ce sera chose faite un jeudi soir de l'entre-deux-tours : au journal de 20 heures, Xavier Bertrand s'engage à voter Emmanuel Macon sans états d'âme au second tour, face à Marine Le Pen. Le lundi suivant, il se rend au quartier général du candidat pour rencontrer Macron et, croit-il, sceller l'alliance. Surprise, c'est Alexis Kohler qui le reçoit, et non le futur président. « Et là, Kohler joue au con : "Bonjour, vous vouliez nous rencontrer ?" » Macron ne viendra pas. Bertrand comprend qu'il s'est fait avoir.

En réalité, un autre candidat est déjà très en place dans la course à Matignon, Édouard Philippe. Il a même passé un grand oral avec Philippe Grangeon. Alexis Kohler et Édouard Philippe se sont connus étudiants à Sciences Po. Même humour, même confiance en soi, les deux se lient rapidement. Et c'est Alexis Kohler qui soufflera son nom à Macron des années plus tard pour Matignon. Au soir du premier tour de 2017, Philippe est reçu par Macron dans son bureau. C'est la première rencontre opérationnelle entre eux. Trois heures de discussion, notamment sur les législatives, très peu sur Matignon. Macron est très calme, très lucide. Il dit à Édouard Philippe : « Venez mettre votre énergie à remonter le pays plutôt qu'à constituer des partis politiques pour préparer la prochaine élection. Je peux finir plus bas que François Hollande si je termine mon mandat. »

Dans les jours qui suivent, d'autres rencontres ont lieu, mais jamais Macron ne parle de nomination à Matignon. Et puis arrive le jour de la désignation du Premier ministre. Édouard Philippe se rend à l'Élysée pour déjeuner. Pendant tout le repas, la conversation porte sur ce qu'il faut faire pour le pays, sans formaliser le fait qu'il va le nommer une heure plus tard Premier ministre. La fin du déjeuner arrive, Emmanuel Macron lance à Édouard Philippe : « Alexis Kohler annoncera à 15 heures le nouveau Premier ministre. » Rien d'autre. Jamais le nouveau chef de l'État n'a demandé à Édouard Philippe s'il acceptait !

Plus la menace sanitaire s'estompe, plus la politique reprend ses droits. Il y a les clans, les chapelles, aux guerres incessantes ; les Mormons, qui veulent reprendre leur place et ce qu'ils croient leur droit, les pro-Philippe, les natifs de la droite dont il faut toujours douter de la loyauté.

Douter d'Olivier Véran, le ministre de la Santé, qui a dîné en début d'année chez Édouard Philippe et son épouse. Douter de Gérald Darmanin, qui est resté proche de sa famille de droite, de Sébastien Lecornu, Marc Fesneau, très proches d'Édouard Philippe aussi.

Marc Fesneau justement, un ministre apprécié au Château, dauphin de François Bayrou au Modem. On dit de ce fils d'agriculteur de la Beauce qu'il est un honnête homme. Il me reçoit dans la magnificence de l'hôtel de Clermont, tout juste rénové. Dans son vaste bureau dévoré par le soleil de juillet, je l'interroge sur la résurrection.

« Je n'ai jamais senti le président abattu, désarmé, dit-il. Il a pris des coups depuis 2017. Il a eu quatre ans plus rudes que ses prédécesseurs, Sarko a eu la crise, Hollande, les attentats, mais les attentats, c'est un moment précis. Là, c'est trois ans de crise continue, les Gilets jaunes, les retraites et le Covid. On a donné les clefs du camion à un homme de 39 ans et personne ne m'a dit qu'il n'était pas au niveau, pas même Mélenchon. Ceux qui disent que c'est un accident, quand bien même, ce n'est pas un accident intellectuel et personnel, Macron tient son rang, comme on dit dans l'armée. De toute façon, il ne gagnera pas sur la même chose. La plus grande menace, c'est un candidat populiste qui rassemblerait Didier Raoult, Francis Lalanne et Éric Zemmour, c'est Orban, Trump, Bolsonaro, voire Boris Johnson. Quelqu'un qui capitaliserait sur toutes les colères, ceux qui sont déclassés, ceux qui ont peur de la science. Et c'est Marine Le Pen qui fait la meilleure équation à ce stade.

– Et pour 2022, est-il serein ?

– Ça va se jouer sur le bilan de la crise. Y a-t-il quelqu'un qui aurait fait mieux ? Les gens vont faire du transfert : avec Le Pen, est-ce que ça aurait été mieux géré ? Bon, on a la réponse. Ça va se jouer aussi sur qui est le plus crédible pour affronter ce qu'on a devant nous. Ensuite, qui paraît le plus optimiste et solide ? Personne ne dit que Macron est un bon à rien. Certains disent qu'il est trop autoritaire, "vous êtes méprisants, vous n'êtes pas des démocrates", ça, d'accord. Mais la question qui se pose quand vous êtes sous crise, c'est : est-ce que j'ai quelqu'un qui tient la rampe intellectuellement, qui se bat, qui va m'apaiser ou me fracturer ? Pour moi, c'est ça, le récit.

– Emmanuel Macron n'a-t-il pas paradoxalement été sauvé par la crise ? En l'instaurant en père protecteur de la nation.

– Peut-être. La crise a révélé autre chose que les débuts du quinquennat. Malgré nous, au début, on est apparus très arrogants, très "poussez-vous de là qu'on s'y mette et qu'on vous explique les choses". La crise a permis de mettre tout le monde dans un bain d'eau froide et de voir qui savait nager. Vous me demandez s'il est de droite ou de gauche ? C'est un centriste. Macron est très mobile, il sent bien quand quelque chose est injuste. Sur les Gilets jaunes, il a très vite vu le problème, le pouvoir d'achat, les fins de mois, les mères célibataires, les petites retraites, les commerçants. En faire le parangon de la droite libérale, franchement, non. Il porte une vision progressiste, réformiste, il a été élu par des électeurs de gauche, mais il ne peut plus compter là-dessus. Il ne peut compter que sur les notables de droite et une partie de la jeunesse. »

Et Édouard Philippe, à quel jeu joue l'ancien Premier ministre ? « L'enjeu est de savoir à quel moment il rentre pour apporter quelque chose à l'équation présidentielle, analyse Fesneau, sachant qu'une partie de l'écosystème est contre lui et l'emmerde. L'aile gauche dit : c'est un traître à la patrie, c'est horrible, on a donné le pays pendant trois ans à un libéral, et dans cette partie, certains disent qu'il n'est pas loyal, qu'il pourrait avoir de vilaines pensées pour 2022. C'est vrai que j'étais contre le changement de Premier ministre. J'avais mon Édouard au bout de la rue, je trouvais ça très bien. François Bayrou pensait comme le président, il fallait sortir Édouard car Macron prenait la foudre, son Premier ministre ne le protégeait plus. »

Nous revenons sur Xavier Bertrand et Valérie Pécresse : « Elle est assez habile. Je la trouve plus solide que Bertrand, moins démago et brèves de comptoir. Avec Bertrand, on se croirait au bar en train de boire une bière avec les copains : “Il faut mettre dehors les immigrés.” OK, merci, merci. »

Quelques mois plus tard, les militants de droite préféreront « la solidité à la démagogie » en intronisant Pécresse candidate officielle de la droite républicaine.

18.

Dépecer la droite

« Si vous faites les cons, tout va mal. Si vous ne faites pas les cons, tout va bien. » C'est au verbe haut et au corps leste de Jean-Paul Belmondo que Christophe Castaner en appelle pour résumer l'état politique gazeux de cette rentrée et cette nouvelle qui agite la majorité depuis quelques heures : le président serait décidé à supprimer les régimes spéciaux de retraite avant l'élection présidentielle. Par décret. Dans la chaleur poisseuse de la mi-septembre, la majorité est réunie à Angers, elle sait que l'année sera rude. Alors que tout est mouvant, fluctuant, voilà que revient sur le tapis un dossier abrasif : la réforme des retraites. « C'est une connerie sans nom, qui lui a encore mis ça en tête ? » se désole un haut responsable de la majorité. « Comme toujours, les gars de Bercy qui lui disent d'envoyer des signaux à Bruxelles et le faire par décret, c'est pire, c'est un mépris absolu du Parlement ! Quelqu'un avec de la maturité politique ne le ferait jamais. Pourquoi jeter de l'huile sur le feu ? Pour envoyer un signal au peuple de droite ? Ferrand, Castaner, moi, on lui a tous dit qu'on était contre ! »

Le même poursuit : « Oui, le président a changé, il a gagné en gravitas. Il a encore un côté "je sais tout mieux que les autres". On voit qu'il reste convaincu que les ministres sont un mal nécessaire, qu'il a un mépris complet du Parlement, des corps intermédiaires. Mais il s'est mangé les Gilets jaunes. Il a compris que "la France n'est pas si simple". On sait tous que le pays a tenu avec deux rangées de CRS. Mais là, les retraites, quelle connerie ! »

« On entre dans une période où les erreurs vont compter double », met également en garde Christophe Castaner depuis la terrasse du centre des congrès d'Angers. « Il ne faut pas allumer l'allumette près du gaz », renchérit Stanislas Guerini, le patron du parti. Qui tient l'allumette ? Bruno Le Maire, qui a encore récemment plaidé pour la réforme ? Alexis Kohler y est favorable aussi.

Autre sujet de ces journées parlementaires, Éric Zemmour, un phénomène inquiétant pour le secrétaire d'État Clément Beaune : « Le côté réjoui de certains d'entre nous sur le thème "Zemmour va piquer des voix à LR" est une connerie. Sa candidature va déporter le débat vers des thèmes de droite ou d'extrême droite comme l'immigration, les étrangers en France ou le grand remplacement. Zemmour va donner le ton. Ce n'est pas forcément bon pour nous, car ça ne fait pas que répartir les parts du gâteau, ça le déplace. »

Visiblement, les commentaires négatifs trouvent leur chemin jusqu'au Palais. Le lendemain, la chaleur est toujours aussi lourde et flotte tel un nuage menaçant dans les hauts plafonds de la salle des Fêtes. L'air chaud s'engouffre dans la cour de graviers avec des soufflements de forge. Le gouvernement au grand complet est réuni en séminaire et, de messes basses en confidences, les mêmes sujets, sans cesse : les retraites, Édouard Philippe. Une plaisanterie aussi : Xavier Bertrand, comme chaque année, bradait dimanche ses vieux costumes et des chemises à 2 euros sur le marché de Saint-Quentin. « Il parie sur la giscardisation de Macron, ce n'est pas con », me glisse un responsable de la majorité.

Dans la salle des Fêtes, Emmanuel Macron arrive, énergique : « Je lis dans la presse des propos qu'on me prête sur les retraites. » Tous comprennent que le démenti est clair. Quelques minutes plus tard, Jean Castex sera encore plus limpide : « Les conditions ne sont toujours pas réunies. Cela ne pourra arriver que lorsque la pandémie sera sous contrôle et lorsque la reprise économique sera suffisamment solide. » Fermer le ban.

Six mois plus tard, le recul de l'âge de départ à la retraite à 65 ans sera une des propositions centrales du candidat Macron.

Cet après-midi de septembre, le président commence par une soufflante : « Une campagne présidentielle ne se prête pas aux états d'âme des membres du gouvernement. La présidentielle, c'est l'élection d'un candidat, on se fout des états d'âme des ministres comme des parlementaires ! Les joutes entre ministres étalées dans les médias, c'est insupportable car ça peut donner l'impression qu'on s'occupe d'autre chose que de redresser le pays, alors que c'est tout le contraire. On n'est pas obligés de créer nous-mêmes des sujets de polémique ! » En somme : « Je ne veux pas de polémique entre vous, pas de surenchère. » Dans son viseur ? Clément Beaune et Gabriel Attal, deux jeunes ministres concurrents pour une place centrale dans le futur dispositif de campagne. Il vise aussi Jean-Michel Blanquer et Olivier Véran qui se sont affrontés par médias interposés sur la question de l'allocation de rentrée scolaire et de son utilisation. En ces temps de pré-campagne, chacun pousse ses pions. Et la boîte noire du pouvoir, d'ordinaire hermétiquement close, s'entrouvre, laissant passer quelques chamailleries.

Donc il faut les tenir, et tout faire soi-même. Une lueur d'amusement au fond des pupilles, mais une fermeté dans les propos, le président distribue bons et mauvais points, un bon point pour Jean-Michel Blanquer et une rentrée scolaire sans accroc, une réprimande pour Jean-Baptiste Djebbari – encore –, « pas la peine de parler quand on ne sait pas », et Agnès Pannier-Runacher. Décidément énervé, il continue sur sa lancée : « Heureusement que j'ai la presse pour savoir ce que je pense. Continuez à parler à la presse, à vous faire mousser, à faire fuiter des choses que vous ne maîtrisez pas, ça ne changera rien et vous serez mis soit devant le fait accompli, soit devant vos contradictions ! Ne créez pas de faux problèmes et ne tombez pas dans tous les pièges. » Martial, il poursuit : « Ne provoquez pas de polémiques inutiles entre vous et surtout évitez de vous tirer des balles dans le pied. » Autour de la table carrée, pas un bruit. Macron ne pratique pas la sadisation consentie, courante dans ce monde. Il ne dirige pas comme un Sarkozy, enfant barbare à coups de colères et de sautes d'humeur. Il ne pratique sur son entourage ni l'humiliation, ni la tyrannie silencieuse de flatter, louanger, puis éliminer. Pas besoin. Il n'a pas de failles narcissiques à compenser dans des crises de colère paroxystiques.

Les ministres sont habitués à son intransigeance, mais il insiste : « Nous sommes dans une période très sensible et très politique. Ce n'est pas parce que les sondages sont bons que c'est gagné. Ceux qui pensent que 2022, c'est gagné, et qui cherchent déjà à se placer pour la suite, ceux-là vont faire chuter tout le monde, et il n'y aura pas de suite ! » Il s'en prend ensuite à ses adversaires : « Quand Christian Jacob explique que le programme de LR, c'est "libérer, protéger, rassembler", c'est au mot près ce que nous disions en 2017. Et je ne parle pas de Valérie Pécresse qui veut faire de la France une nation éducative… »

Qu'importe, pour le président, cette rentrée que l'on disait périlleuse sent plutôt bon : l'épidémie reflue enfin, les sondages sont positifs pour la majorité, et les oppositions tournées vers elles-mêmes en pugilats circulaires. Et lui ? Il piaffe d'en découdre ! Mais sur le fond, encore faut-il trancher sur le récit qui justifiera sa candidature : quelle identité, quelle vision doit défendre le candidat Macron dans un pays convalescent ? La question est cruciale, le président le sait, il faut porter un récit collectif auquel les Français pourront adhérer. Incarner l'équilibre, la raison, le progrès, voilà une piste. Sans oublier les réformes, l'ADN d'Emmanuel Macron depuis les premiers jours de l'aventure politique. « Je veux deux cents jours d'action résolue, des actes et de l'humilité. Cent jours pour défendre le bilan, cent jours pour la séquence électorale. »

Pour l'heure, c'est du côté du Havre que le pouls politique se porte. Après un printemps très médiatique, voilà qu'Édouard Philippe s'agite de nouveau : interviews, biographies, déclarations, l'ancien Premier ministre a beau jurer sa fidélité, il est tout de même bruyant pour quelqu'un qui promettait de se mettre en retrait. Beaucoup le soupçonnent de jouer l'accident industriel si Macron s'effondre dans les sondages. D'autres pensent que c'est à droite qu'il lorgne et qu'il pourrait succomber à la tentation d'être un recours pour son ancien camp divisé. « Je ne veux pas nécessairement être assimilé à la majorité », glisse l'ancien Premier ministre à un haut responsable centriste. Résultat, les warnings s'allument à l'Élysée. Entre le président et lui, la valse ambivalente, en place depuis des mois, se prolonge.

Édouard Philippe n'a pas d'agenda mais il ne ferme aucune porte. En cet automne, l'ancien Premier ministre réunit ses proches pour un week-end au Havre. Objectif : la création prochaine de son propre parti politique. Le dimanche, il l'annonce sans faillir : il soutiendra officiellement Emmanuel Macron en 2022. L'effet est immédiat : en rompant le suspense, l'ancien Premier ministre s'est complètement démonétisé, raillent les journalistes politiques. Philippe est convaincu du contraire, comme il l'explique à ses proches : « Pour la présidentielle, il ne faut s'engager que dans les dernières semaines, après avoir discuté et défini avec précision quel est le contrat, quel sera le rôle de chacun et celui des forces qui soutiennent Macron. »

À droite, tous s'agitent sous l'œil retors de leur parrain, Nicolas Sarkozy. Car dans cette famille, tous les chemins menant à l'Élysée passent par la rue de Miromesnil et celui qui reste le pape de la droite. Le lendemain du séminaire gouvernemental, une voiture franchit discrètement la grille du Coq à l'arrière du Palais. Nicolas Sarkozy vient déjeuner avec Emmanuel Macron. Entre deux bouchées, il lui propose une association pour 2022 : « Je ne soutiendrai pas le candidat de la droite et vous mettez un de mes fidèles à Matignon. » Un Baroin, une Pécresse. Nicolas Sarkozy tient aussi à plusieurs points de programme, notamment sur la sécurité ou l'immigration. Ce qui pousse l'ancien président à cette alliance ? Il n'a jamais digéré l'humiliation de la primaire de 2016, éliminé au premier tour par son ancien « collaborateur » François Fillon. Il en veut donc à sa famille. Il pense aussi que d'une façon ou d'une autre, Emmanuel Macron pourrait l'aider dans son agenda judiciaire. « Macron va baiser Sarko comme il a baisé Bayrou, c'est évident », grince un ministre.

« Tactiquement, cela n'a aucun sens. Ce n'est pas Nicolas Sarkozy qui va faire un président », réfute Philippe Grangeon, le conseiller d'Emmanuel Macron en retrait du Palais depuis quelques mois. Il est une figure de la deuxième gauche, proche de François Hollande avant d'être séduit par son jeune secrétaire général adjoint. L'homme élégant, longiligne, continue d'échanger fréquemment avec l'actuel président. Il est même un des seuls que Macron écoute réellement, lui qui entend tout le monde mais n'écoute personne. Il reçoit dans son appartement parisien, meubles modernes, chemise bleue et pieds nus dans ses mocassins, encombré de ses longs bras tel l'albatros de Baudelaire. On pourrait penser que derrière cette démarche raffinée et cette façon de marcher un peu courbé, les mains jointes dans le dos, se cache une hérédité bourgeoise. Il n'en est rien, l'homme a grandi dans une cité du Val-d'Oise, a milité à la Ligue communiste révolutionnaire avant de cofonder SOS Racisme avec son copain Julien Dray. « Sarkozy, c'est chez lui, l'Élysée. Donc on le convie. Mais je pense qu'il n'y a aucune tendresse entre lui et Macron. Il y a du respect, de l'énergie partagée, une forme de disruption. Hollande et Sarkozy se ressemblent, ils sont tous les deux rentrés très jeunes dans un appareil et ont fait leur chemin. Macron n'est pas du tout comme ça, mais je n'ai jamais senti d'amitié ; avec Hollande, on peut dire ce qu'on veut, mais c'est très compliqué et c'est dur », témoigne Philippe Grangeon en pliant et dépliant son mètre quatre-vingt-dix.

Pour Gabriel Attal, « il y a eu un rapprochement tout au long du quinquennat, ils y avaient tous les deux intérêt. Le fait de s'afficher avec Sarkozy aide Macron à séduire l'électorat de droite. Sarkozy est sensible à ce que fait le président dans sa manière de présider. Et à titre personnel, Sarkozy n'a pas envie qu'il y ait un autre président de sa famille politique. Le fait est que si un LR est élu en 2022, plus grand monde ne va se bousculer rue de Miromesnil, car il ne sera plus le parrain de son camp. Enfin, il veut sauver ce qu'il reste de la famille, en faisant un accord avec En marche ».

Macron a tout de suite compris qu'il fallait « traiter » Sarkozy. « Comme tous les anciens présidents, Sarko considère que personne n'est au niveau de sa propre succession. Il a toujours une case dans sa tête, "et si jamais" ? Par lucidité, il se dit que non, mais il y a une toute petite case. Ensuite, Sarko marche à l'affectif, donc Macron l'envoie au Japon, nomme un de ses amis préfet. Il était très énervé sur le Rwanda », constate le conseiller Xavier Chinaud. Non convié à accompagner le chef de l'État, Sarkozy, qui a vu Paul Kagame à Paris dix jours avant le déplacement d'Emmanuel Macron, en a été très froissé. Dès son retour, il faudra – encore – le recevoir au Palais pour une explication sonore. L'ancien président a aussi beaucoup à dire sur la gestion de la crise, qu'il juge chaotique, et le ministre de la Santé, qu'il trouve mauvais : « Ne pas virer un nul, c'est un signe de faiblesse », dit-il à Macron en évoquant Olivier Véran.

Mais qui est le plus retors des deux ? Emmanuel Macron lui-même fera fuiter l'information sur ce déjeuner de septembre, juste après le séminaire gouvernemental, entre Sarkozy et lui, histoire d'embarrasser la droite. « Tout ce qu'il y avait de mieux chez les LR, le président a pioché dedans pour le mettre au gouvernement, Édouard Philippe, Bruno Le Maire, Gérald Darmanin, Sébastien Lecornu, Jean-Michel Blanquer, Roselyne Bachelot, tout ça, c'est à nous, c'était les LR. Donc la droite est déjà au pouvoir », grince Thierry Solère. Bientôt, les mêmes Solère, Darmanin, Le Maire et Lecornu serviront de rabatteurs pour attirer de nouveaux transfuges de la droite vers la majorité présidentielle. Objectif : dépecer les rangs de la candidate désignée par les LR, Valérie Pécresse.

19.

L'homme pressé

Décidément, ils ne se quittent plus. Trois jours après le déjeuner entre l'ancien et l'actuel président, alors que la faune artistique et modeuse du Paris lettré se presse à l'Élysée pour l'inauguration de l'exposition Daniel Buren, un homme masqué se balance d'un pied sur l'autre à quelques centimètres de Brigitte Macron, Nicolas Sarkozy. La Première dame lui glisse un mot à l'oreille. « C'est très beau », commente l'ancien président. « Le principe de commande d'œuvres à des artistes est quelque chose d'important. C'est le rôle de l'État », ajoute-t-il. Sa présence amuse : « On est dans une période de flirt », sourit un conseiller. Alors que François Hollande, convié également, a décliné l'invitation.

Le président vibrionne. Accoudé à une table haute ronde, il attrape un micro et raconte la genèse du projet artistique de Daniel Buren. C'était lors d'un dîner, au mois d'avril 2021, avec le designer Ora-ïto. Le chef de l'État se désolait de réchauffer l'atmosphère du Jardin d'hiver après que la grande tapisserie de Pierre Alechinsky eut été enlevée en 2017. « C'était un peu vide, triste. Nous l'avions invité innocemment pour discuter de la situation de la vie artistique. Il demande alors à cheminer dans les lieux puis, l'air de rien, me dit : "J'ai peut-être une idée." » Quelques mois plus tard, l'idée se réalise et les vitres de la spectaculaire verrière du Jardin d'hiver sont recouvertes d'un filtre bleu blanc rouge, ce qui donne à la pièce des reflets psychédéliques alors que l'image se démultiplie à l'infini dans un gigantesque miroir. Les deux cent cinquante mètres carrés arborent désormais les couleurs du drapeau français, « une œuvre résolument patriotique et éminemment libre », se félicite le chef de l'État. L'installation est aussi un hommage à Claude Monet qui, en 1878, a représenté la rue Montorgueil entièrement pavoisée des couleurs du drapeau français. « Cette œuvre s'inscrit dans la volonté de faire de l'Élysée un lieu de la créativité et de demander à chacun d'avoir cette part d'insolence, de liberté et de réinvention de notre pays. » Emmanuel Macron continue à refuser les codes établis, à agrandir le champ des possibles.

Un soleil de fin de journée irise les cyprès, mais les lourdes tentures de la salle des Fêtes ne laissent jamais entrer trop de lumière. Je retrouve le président le soir même, dans cette pièce spectaculaire. Six cents mètres carrés de boiseries, de dorures, de marqueterie finement peinte, le tout écrasé par une douzaine de lustres en cristal. Ici, chaque détail exprime le faste et la majesté du pouvoir. Emmanuel Macron récompense les médaillés olympiques et paralympiques après les JO de Tokyo. Il fait un très long discours, près d'une heure, le public s'impatiente, et dehors, les invités piétinent sur la terrasse arrière du Palais. Comme souvent, il alterne l'emphase, le lyrisme, les mots plus murmurés.

Soudain, son visage se referme, le ton se raidit. Il dodeline de la tête, le sourcil en accent circonflexe et accompagne ses propos d'un poing serré : « Le bilan n'est pas tout à fait celui que nous attendions. On sait même que sur certains sports, il est mitigé… Je le dis très clairement : on doit faire beaucoup plus, parce que ce sont nos Jeux, à la maison, on est attendus. » Le coach Macron s'emporte et se perd : « pacte de performance », « cordée du sport », « capital sportif-entrepreneur ».

« Mais qu'est-ce qui lui prend ? » glisse mon voisin. Le Macron des petites phrases, de la start-up nation et des « gens qui ne sont rien » ressurgit devant des hommes et des femmes pour certains en fauteuil roulant, épuisés de sacrifier leur vie depuis des années à l'ambition olympique. Ces saillies trahissent son tempérament alors que les réflexions fleuves expriment sa pensée. « Tout le monde lui parle de ses petites phrases mais il ne veut pas s'interdire de parler. On l'entend tout le temps dire :"Je fais mon miel" ou "J'en ai ras le cul, plein le cul, vous en faites votre miel." », explique Sibeth Ndiaye.

D'autant que Macron continue : « On ne peut pas construire une réussite si on ne se dit pas les choses en vérité. » Stupeur de certains, mais le malaise est vite dissous dans la solennité du lieu. Je songe à l'incommunicabilité des êtres et des âmes qui a inspiré à François Mauriac une grande partie de ses romans. Le président parle et les Français ne l'entendent pas.

« Nul ne sait dire qui sera ministre des Sports ni même président ou Premier ministre en 2025, poursuit Macron en souriant, mais ce que nous faisons, nous devrons le faire avec le sens des responsabilités et préparer la France de 2030 », nouvelle projection dans un second quinquennat.

Ensuite, il faut encore assister à la réception, avoir un mot pour chacun. La soirée est douce, au loin la teinte mauve du crépuscule finit d'embellir la capitale.

Une fois les invités partis, le président attrape la main de Brigitte pour une promenade dans l'obscurité du parc. Il fait doux, les heures se souviennent encore de l'été. Pour cheminer sur les pelouses incurvées, Brigitte retire ses talons et, pieds nus, attrape le bras de son mari. Autour d'eux, la sécurité pointe des lampes torches pour les guider dans les allées sombres du jardin. Dans un moment, il rejoindra sans doute Alexis Kohler pour une dernière réunion au premier étage du Palais. S'il lève la tête, il sait que derrière la lumière qui s'échappe des fenêtres, l'homme est là, penché sur sa table de travail. Il continue de dormir peu, cela laisse de la bande passante pour échanger. Mais bien qu'il rêve du surplomb, de la distance mitterrandienne, il ne s'est jamais autorisé à aller flâner en fin de journée sur les quais de Seine.

Cette semaine, il reprend son fol agenda, deux voire trois déplacements par jour. Il veut voir la

France périphérique, une France que l'on aurait tort de dire ordinaire. L'énumération des villes, des sujets, donne le tournis. Mais le président insiste, comme s'il voulait rattraper les mois de glaciation dus au Covid.

Le lendemain matin, Roubaix justement, encore le Nord, chez Xavier Bertrand. Emmanuel Macron dévoile les résultats du Beauvau de la Sécurité. Des annonces que l'Élysée veut massives en faveur de la police et de la justice pour ancrer le sentiment que la majorité prend le sujet à bras-le-corps. Car le régalien a longtemps été un impensé du macronisme. Macron est un héritier de la deuxième gauche, qui n'a jamais dans son histoire personnelle été confronté à cette question. Il a même longtemps cru que l'insécurité était « un sentiment ». C'est l'exercice du pouvoir qui le transformera. Pour Philippe Grangeon, « on ne peut avoir un discours répressif que si on est profondément humaniste. C'est-à-dire que la sécurité est un droit, le droit de vivre ensemble paisiblement, mais ce n'est pas la sécurité pour la sécurité. Quand j'ai entendu, j'en ai été malade, Estrosi dire : "À Nice, nous n'accueillerons pas d'Afghans, parce que moi, monsieur, j'ai connu le terrorisme." Je vois très bien ce qu'il dit, mais ce raccourci pour un dirigeant politique… Afghan égal terrorisme, égal islamiste. Donc, c'est un oxymore ce que je vais vous dire, il faut être tendrement dur. Il faut une France sûre et une France douce. Pas une France musclée, mais une France sûre. Ceux qui pâtissent de l'insécurité, ce sont les plus faibles, moi, j'ai grandi là-dedans, dans les cités. » Le sujet préoccupe Philippe Grangeon, je le vois à sa main qui se perd dans ses cheveux, à l'émotion dans le timbre de sa voix. Macron a imaginé un autre slogan, testé au printemps : « Je me bats pour la vie paisible », formule qu'il a lui-même trouvée. Mais ses contempteurs continuent de l'accuser de ne pas regarder dans les yeux une France malade de ses fractures.

Roubaix donc, et une des dix écoles de police du pays, pour dévoiler un plan de renforcement de la sécurité des Français. L'événement est important pour l'Élysée. Tout a été pensé. Le cortège présidentiel se faufile entre les petites maisons de brique rouge, typiques de cette banlieue nordiste. Un maigre soleil réchauffe l'air encore frais du matin. L'automne n'a pas commencé mais une brume s'étend déjà sur les rues silencieuses de la ville. Masse cotonneuse qui se glisse et nimbe l'asphalte d'un halo trouble. Dans ce ciel bas, opaque, les maisons se serrent, presque toutes semblables. Ici, la vie s'égrène doucement et les minutes fondent, semblables les unes aux autres.

Comme à chaque déplacement, Emmanuel Macron emprunte le Falcon présidentiel. Sa voiture blindée l'attend sur le tarmac. Mais ce véhicule, un des neuf que compte la flotte de l'Élysée, s'use vite. À chaque déplacement, on ne fait pas faire à la voiture du chef de l'État le trajet complet. Le véhicule est déplacé en camion spécial, puis sert le temps de l'événement.

Le cortège ralentit puis s'engouffre par une haute muraille dans le périmètre sécurisé. Aux fenêtres des maisonnettes alentour, quelques curieux se penchent. Ils n'apercevront rien d'Emmanuel Macron, si ce n'est cette voiture bleue, talonnée par une dizaine de véhicules officiels. Dans un vrombissement toujours impressionnant qui évoque la puissance de l'État et de la fonction, soudain, les véhicules pilent. Le président débarque, flanqué de ses ministres Gérald Darmanin et Éric Dupond-Moretti. Il faut – tradition républicaine – saluer les élus locaux présents. Tout au bout de la file, le nordiste Xavier Bertrand. Une caméra traîne, les deux hommes échangent quelques mots, puis finalement font durer l'aparté. Le chef de l'État paraît moins mal à l'aise que son opposant.

« Vous allez bien ? Merci d'être là, salue Emmanuel Macron.

– C'est républicain, c'est normal.

– Et malgré nos différences, c'est l'esprit qui nous anime. Merci de continuer à proposer sur ces sujets importants.

– On aura un débat, un vrai débat. Il va venir. »

Moins de deux minutes plus tard, voilà Emmanuel Macron déjà sur scène et c'est parti pour une heure de discours face aux gendarmes, policiers, BRI, tous les corps de police sont représentés. L'image est belle, léchée, des drapeaux républicains, du bleu blanc rouge partout et, en arrière-plan de la silhouette du chef de l'État, le profil aquilin d'une Marianne. Mais sur le fond, la presse retiendra surtout le changement d'uniforme acté pour les forces de l'ordre. Non, tiens, le chef de l'État dans son discours parle de 2030. Voilà qu'il se projette dans dix ans, dans un second mandat.

Il annonce 500 millions d'euros supplémentaires pour le ministère de l'Intérieur. Le lendemain, ce sera 300 millions pour les harkis. Ces jours-ci, les millions pleuvent. La rentrée devait marquer la fin du « quoi qu'il en coûte » ?

À chaque jour son nouveau chèque, 1,5 milliard pour Marseille, 200 millions pour les indépendants, 2 milliards pour la prime à la rénovation. Au total, avant même la fin septembre, l'addition se porte déjà à 5,6 milliards. Oubliées les promesses du candidat Macron de 2017, quand l'ancien inspecteur des Finances assurait 60 milliards de réduction de dépenses et cent vingt mille fonctionnaires en moins. Régler les problèmes avec un carnet de chèques ? Le président des premières années s'y était toujours refusé. Mais aujourd'hui, pas un jour donc sans une annonce, sans que telle catégorie – d'électeurs – reçoive son enveloppe. « La politique du carnet de chèques », hurle l'opposition, qui a beau s'égosiller, leurs jappements s'évaporent dans le vacarme quotidien.

« Il fait du Chirac pour la campagne de 1995, en traitant chaque profession », décrypte un conseiller. Xavier Bertrand est plus cash : « Il fait campagne avec le chéquier de la France. » Pour Valérie Pécresse, Emmanuel Macron « crame la caisse ». Mais difficile de plonger sans transition dans une cure d'austérité et de réalisme après la crise subie. Comme à son habitude, il s'en fiche. Les attaques le revigorent, pas la colère des Français du temps des Gilets jaunes, mais celle de cet « ancien monde » qu'il juge rétrograde et fini. Ces jours-ci, ils vont continuer avec Brigitte à s'échapper à la Lanterne. Il y retrouvera le piano Hoffmann et ses partitions de Ravel et de Schubert.

20.

Le premier fidèle

Il a le regard malin, l'allure jeune et soignée, une silhouette de play-boy bronzé que soulignent ses Ray Ban. Il revient de tout et n'a plus rien à prouver, ni à quémander, à personne. Ministre il y a vingt ans dans le gouvernement Jospin, François Patriat est un des premiers à avoir eu foi en Emmanuel Macron, à avoir raccroché quarante ans de militantisme socialiste pour se lancer auprès de celui en lequel si peu croyaient. Il entretient avec lui une sorte de lien mystique, la légende – qu'il confirme – est qu'il a même déposé un cierge dans une église au tout début de l'aventure En marche.

Il considère que Brigitte et Emmanuel l'ont sauvé. Littéralement. Un soir de septembre 2016, il roule vite sur une route de Bourgogne, sa voiture en heurte une autre en contresens. Le choc est d'une violence folle. À demi-conscient, immobile, il entend son téléphone sonner. Il arrive à décrocher. Emmanuel.

« Je suis en train de mourir, je viens d'avoir un terrible accident. Je suis écrasé dans ma voiture.

– Tiens bon. On t'envoie les secours. »

Le futur président restera en ligne avec lui jusqu'à l'arrivée des pompiers. Aujourd'hui, leur relation s'est peut-être un peu distendue, mais l'affection, le soutien politique sont sans faille. Sans naïveté non plus. Il a refusé d'être son conseiller politique à l'Élysée, mais le président continue de lui écrire au milieu de la nuit.

Macron ne ralentit pas : « Faites-moi du texte, faites-moi du législatif, prenez-moi des mesures législatives », demande-t-il à Patriat, le patron des sénateurs En marche. Son entourage a beau répondre au président : « C'est déjà pas mal embouteillé », ce dernier ordonne, agacé : « Je n'en ai rien à foutre, prenez-en. »

Patriat livre ses motifs d'inquiétude, notamment sur les futures élections législatives : « Je leur dis d'être lucides. Je suis plus inquiet que jamais. Je vois la machine Édouard Philippe se mettre en place. Ils vont vouloir des postes, des circonscriptions. Philippe, c'est très clair ce qu'il veut, il soutiendra le président mais il va peser sur l'Assemblée, peut-être même qu'il veut le siège de président de l'Assemblée, de Ferrand. Il va nous faire chier tout le temps. Des gens comme Sibeth l'ont déjà rejoint aujourd'hui. Elle pense à l'avenir, même Richard [Ferrand] me l'a fait remarquer. À la Légion d'honneur de Philippe, à l'Élysée, il y avait nous, les mecs de gauche, Richard, Casta et moi. À part ça, il y avait Larcher, et que des gens de droite. Ces gens-là vont faire réélire Macron, mais ils préparent 2027 car ils se disent déjà : "Macron, c'est fini dans cinq ans, il ne pourra plus rien faire pour nous, donc c'est Philippe." Et Philippe va nous emmerder. »

Au lendemain des régionales, un dîner réunit à l'hôtel de Lassay, à l'Assemblée nationale, les patrons de la majorité. Pourquoi Lassay ? Pour que la presse ne se fasse plus l'écho des dîners à l'Élysée. Autour de la table, le président, Jean Castex, François Bayrou, Richard Ferrand, Christophe Castaner et François Patriat. Et celui-ci parle cash : « Emmanuel, moi, je suis le popu des champs, je parle comme je pense, comme parlent les gens de la campagne. Ton score est entre 23 et 28 %. Tu es qualifié pour la finale. Maintenant, contre qui tu vas jouer ? Contre le Barça ou Manchester ? L'extrême droite ou la droite ? Un Zemmour trouble le jeu. Fillon a fait 20 % avec sa femme et ses costards. Donc, oui, je suis inquiet. »

À son habitude, le président ne répond rien. Il écoute. Mais à ce moment-là, en juillet 2021, il partage son diagnostic sur Éric Zemmour qui empêcherait Marine Le Pen d'accéder au second tour. La droite pourrait alors l'emporter.

« Je ferai tout pour qu'il soit réélu, mais il y a une chose que je ne comprends pas. Je dis à Brigitte, tu sais comme j'aime Emmanuel, c'est quelqu'un qui est tactile, gentil, affectueux. Il m'envoie des messages qui te feraient pleurer. C'est quelqu'un dont l'altérité n'a d'égal que la proximité et l'affect. Pourtant les Français ont de lui l'image d'un président distant et méprisant. J'ai connu un mec qui était vraiment dans la distance, qui ne t'embrassait pas : c'est Mitterrand ! Et les gens l'appelaient Tonton et ils l'aimaient ! Les travers d'Emmanuel, c'est de penser qu'il peut séduire tout le monde. Il peut être d'une naïveté parfois… et en même temps d'un cynisme total. En 2016, par exemple, il voit David Lisnard, le maire de Cannes, il me dit : “Il est avec nous.” Aucune chance !

Il veut à tout prix accrocher des gens, il veut des tableaux. Aujourd'hui, Richard [Ferrand] dit : "Prudence, prudence." Nous sommes les seuls à lui dire. Emmanuel scanne les gens, il sait ce qu'il peut en tirer. Je ne comprends pas son entourage à l'Élysée, les connards qu'il a comme conseillers, c'est des nuls ! Thierry Solère ? Mais c'est grave, avec les casseroles qu'il a au cul ! Et pour l'instant, il n'a rien vendu de potable. Brigitte m'a demandé : "Qui tu vois pour diriger la campagne ?" Il y a une cellule menée par Sébastien Lecornu, Grégoire Potton, un Marcheur qu'ils ont fait revenir au mouvement, et Thierry Solère. Mais Lecornu, c'est un roublard, il est capable de tout. Il est malin. Il fait très IIIe République, il a la même tête qu'il aura à 70 ans.

– Et le ministre de l'Intérieur, Gérald Darmanin, vous lui faites confiance ?

– Macron le connaît, il l'a dans le collimateur. Je pense que Darmanin est bon. Il a de l'ambition, j'ai même dit à Emmanuel : "Ce sera le premier président de la République beur", raconte Patriat, en référence au grand-père algérien de Darmanin. Mais Darmanin ne le trahira pas. Et Casta ? Il intrigue à mort pour revenir. En fin de compte, Macron fait tout, tout seul, et il s'entoure mal. »

Autre choix présidentiel que Patriat n'a pas compris : Jean Castex.

« J'en veux beaucoup à Édouard Philippe, mais un Premier ministre à 54 % dans les sondages, ça ne se vire pas. Philippe, c'était cathédrale, Castex, c'est cantonales. Macron m'a répondu : "Tu vas voir, c'est un mec bien, il est bosseur, il va faire le job, il est proche de vous." Richard [Ferrand] est d'accord avec moi. Tous les sujets qui mettent Macron sur la brèche, c'est Édouard Philippe. Les APL, Emmanuel n'était pas d'accord, il a laissé faire. Les 80 km/h, il n'était pas chaud du tout, il a laissé faire. La taxe carbone, il était très réservé, il a laissé faire. Et l'autre lui bouffe du gras sur son dos en prenant des mesures impopulaires. Les turlutes que le président lui a faites quand il lui a remis la Légion d'honneur, j'étais atterré !

– Mais alors pourquoi vouloir qu'Édouard Philippe reste ?

– Parce que ce couple Macron-Philippe avait une forme d'élégance politique que je n'ai jamais vue. Et puis, Philippe était populaire. Mais Emmanuel a raison : Castex est très sympa, il fait le job.

– Et François Bayrou ?

– Il ne pense qu'à sa pomme. Il se verrait bien Premier ministre. Alors qu'il y a longtemps que

Macron a choisi, je le sais. Il met au pinacle son successeur, Marc Fesneau. Il l'aime beaucoup. C'est un petit voyou, mais il fait de la politique, il est très mesuré, il est bon. Il ne se mouillera jamais sur rien, il a autant de couilles qu'un perroquet. Tu vois le cynisme d'Emmanuel, il pense que Bayrou est has been et qu'il faut faire autre chose, et en même temps, il le ménage. »

Et au gouvernement ? « Pompili, c'est un désastre, et les secrétaires d'État, Bérangère Abba, elle vendait de la dentelle fine à Chaumont ! C'est dramatique. Comment le président, qui est si intelligent, peut prendre des gens comme ça ? Je ne comprends pas cet aéropage de secrétaires d'État. Ferrand non plus. »

Il y a aussi beaucoup de tendresse et d'affection entre Patriat et l'épouse du chef de l'État : « Brigitte, elle est dans l'affect, elle est naïve. Elle ne comprend rien à la politique mais elle comprend tout à Emmanuel. Il lui dit tout, ils travaillent ensemble. Elle anticipe dans les propositions. Récemment, j'ai dit à Brigitte, on a gagné avec douze apôtres, on était dans une démarche messianique, saint Pierre, c'était Ferrand, saint Jean, Julien Denormandie, le fils préféré, saint Jacques, Casta. Et Judas, c'était Gérard Collomb. Mais il ne peut pas refaire ça. Cette fois-ci, il faut des généraux. Quand Mitterrand arrive au pouvoir, il a vingt mecs autour de lui. Chirac, il a Juppé, Toubon, Madelin, Séguin. Macron, il n'a rien, il est seul car il n'y a pas deux Dieu », plaisante Patriat. « Il faut faire monter des généraux, Richard, Le Maire, Darmanin, Dussopt. Marlène Schiappa ? Elle fait perdre autant de voix qu'elle en gagne. J'espère qu'il n'est pas fou et que l'avenir de Marlène s'arrêtera là. Sinon, elle va mettre le feu à la France entière. »

Il juge en revanche Gabriel Attal « brillant et trash », Sibeth « hyper fidèle ». Patriat doit bientôt s'éclipser pour se rendre à l'Élysée. À 16 heures, comme chaque lundi, Alexis Kohler réunit Christophe Castaner, Stéphane Séjourné et lui-même pour faire le point sur les moments saillants de la semaine. Nous évoquons le dernier déjeuner entre Nicolas Sarkozy et Emmanuel Macron : « Il traite Sarko pour faire chier la droite, c'est tout. Macron a très bien compris que l'âme des Républicains reste encore Sarko et que bien le traiter, c'est emmerder les Républicains. »

« Pour la présidentielle, il faut que le président réépouse la France. Il ne l'a jamais quittée mais elle s'est sentie un peu éloignée. On ne retient que les mesures de droite. Il faut matraquer les mesures de gauche. Les Français ne votent pas sur les grandes lois, ils votent par défaut. Avec Emmanuel, ce ne sera pas un vote par défaut. Ce sera comme avec Sarko en 2012 ; il y avait une telle défiance vis-à-vis de lui que n'importe qui en face pouvait gagner. On n'est pas dans la même défiance, mais presque. Je vois bien certains, la haine qu'ils ont envers Macron… »

Une semaine plus tard, Emmanuel Macron recevra un œuf en pleine tête lors d'un déplacement à Lyon.

21.

Mazarinades au Palais

« Je n'ai qu'une question à te poser : est-ce que tu as le cul propre ? Et je te préviens, je ne veux ni chemise à fleurs ni verres en boîte de nuit ! » Le langage est fleuri, comme toujours en politique, mais le ton est ferme. Quand Édouard Philippe propose à Olivier Véran le poste de ministre de la Santé, il ne plaisante pas. Fini les scandales et les couvertures de *Closer* comme en a pâti Christophe Castaner. Un ministre en boîte de nuit, l'heure est trop grave alors que le pays est frappé de plein fouet par une pandémie mondiale.

Pourtant, malgré la vigilance du Château, ce quinquennat aura été émaillé de scandales, certains connus, l'affaire Benalla, l'affaire Griveaux, d'autres moins, comme cette secrétaire d'État en délicatesse après avoir passé un moment intime avec un chef d'État sud-américain et s'être fait surprendre par l'épouse de celui-ci. Fureur de la dame qui exige des excuses de la France. L'Histoire retiendra qu'une lettre officielle du Quai d'Orsay a bien été envoyée suite à l'incident pour étouffer le scandale.

Autre histoire méconnue, une très jolie jeune femme, Shiraz, dont la présence va perturber le fonctionnement du Palais. Quand on m'en parle, la voix est celle des vraies confidences : « Donc tu n'es pas au courant ? » La jeune femme en question, stagiaire au pôle diplomatique, sait visiblement y faire puisqu'elle passe en quelques semaines d'assistante à chargée de mission. Elle hérite même d'un bureau au cœur de l'Élysée, pas très éloigné de celui du chef de l'État, qui aime que la réussite se joue du déterminisme social. Rapidement, la situation et le comportement de l'amazone en question agacent : « Elle relit tout, elle repasse derrière les conseillers en leur disant : “J'en parlerai à Emmanuel.” Ça les rend fous, l'influence qu'elle a ! Ils deviennent barges. Lui doit penser qu'elle a un point de vue différent sur les quartiers, sur la France, que les autres, les embourgeoisés du Château, n'ont pas.

C'est comme son doudou. Ça fait des mois que je les entends s'énerver. Moi, ça me fait marrer, une nana de 26-27 ans qui te fout le dawa au Château. » Mais son comportement inquiète jusqu'aux services de sécurité qui finiront par la mettre sous surveillance. Pour l'exfiltrer de l'Élysée, une tentative est faite de la déporter sur la campagne du futur candidat. Sans succès.

Depuis la nuit des temps, le pouvoir enfante mazarinades, intrigants à la loyauté nauséabonde et courtisans visqueux dont l'occupation principale est de rivaliser de génuflexions.

Parfois, il a même fallu gérer les affaires strictement privées au plus haut sommet. Quand une relation lie deux membres du gouvernement, le président décide d'éprouver leur confiance vis-à-vis du « chef » : suite à un interrogatoire de l'un puis de l'autre protagoniste, il réalise qu'une des personnes lui ment pour protéger sa vie privée. Pour le chef de l'État, elle n'est donc pas fiable. Exit, fermez le rideau, vous sortez du gouvernement.

La confiance, une valeur cardinale dans le fonctionnement du président. Pourquoi Olivier Véran est-il moins en cour ces derniers mois ? Certes, il y a eu la lenteur de la campagne de vaccination, comme ce jour où Emmanuel Macron, lors d'un Conseil de défense, ne cache pas son courroux envers son ministre de la Santé : « Un capitaine, ça tient ses troupes », lui lance-t-il. Ou encore lorsque ostensiblement le président et Alexis Kohler se lèvent pendant un Conseil et s'isolent dans un coin de la pièce pour refaire les incessants calculs sur le nombre de lits ou l'engorgement des hôpitaux. Mais le président connaît aussi la proximité entre Véran et Édouard Philippe, ce qui l'interpelle.

La confiance, la question se pose pour beaucoup, en ces derniers temps avant la présidentielle. Que vont faire les ministres issus de la droite, les Darmanin, Lecornu, Le Maire ?

« Darmanin, il roule pour lui-même. Mais c'est un fantastique politique. Tu sais qu'un jour, il jouera sa carte. C'est comme Sarko, il disait à l'avance "je vais te niquer" », analyse sarcastiquement Xavier Chinaud, le conseiller politique de Jean-Michel Blanquer. Gérald Darmanin, pour prouver sa loyauté, a d'ailleurs dû se présenter aux régionales, contraint et forcé : « C'est une question de confiance », a menacé le chef de l'État.

La confiance, la question se pose aussi crûment alors que les chapelles s'organisent en vue de la présidentielle : « En ce moment, le canal historique, les Grangeon, Séjourné, Attal, Girier, se reconstitue, avec en face la jambe droite, Darmanin, Lecornu, Solère, et Édouard Philippe qui, pour l'instant, est en dehors de tout ça. Pourquoi Édouard Philippe n'a jamais adhéré à En marche ? Parce qu'ils n'ont pas voulu donner de responsabilités aux gens issus de la droite, justement, comme Le Maire, Darmanin. Et aujourd'hui, le canal historique se méfie d'eux. Édouard Philippe a été totalement flegmatique quand il était à Matignon. Depuis qu'il n'est plus Premier ministre, il adore faire des phrases pour les faire chier. Pourtant, il est facile à lire : il ne sera jamais candidat face à Macron. Ce qui préoccupe le canal historique, c'est l'entre-deux. Mais Édouard, c'est un juppéiste, il a ce côté, on ne franchit pas le Rubicon. Grossièrement, on disait à l'époque, les juppéistes n'ont pas de couilles », constate Chinaud.

Il ajoute : « Autour de Macron, les fans pensent qu'il va renverser la table car il a ce génie, d'autres sont plus sur la réserve. Son entourage, notamment le canal historique, est trop confiant. » Patrick Mignola, un leader Modem de la majorité, fait le même constat : « Ils sont tous en train de choisir la couleur de la moquette et de se distribuer les postes, c'est n'importe quoi ! »

En vieil habitué de la politique, Chinaud est même inquiet : « Si Le Pen est disqualifiée, qui que soit la personne en face de lui, elle gagnera. Ces gens sont arrivés en croyant qu'ils incarnaient un monde nouveau. La politique évolue, mais elle a des lois intangibles. Après toutes les tôles électorales qu'ils se sont prises, ils ont continué avec la même morgue : "Tu n'as rien compris, t'es un dinosaure." La confiance qu'ils ont actuellement, c'est une erreur de jeunesse. »

Le président évoque parfois en petit comité les précédents de Valéry Giscard d'Estaing, d'Édouard Balladur ou d'Alain Juppé, des réformateurs nés, finalement sanctionnés en fin de mandat ; cela l'obsède. « Le président n'est pas sur le même fuseau horaire que nous. Nous, on a rendez-vous avec le mois prochain, lui, il a rendez-vous avec l'Histoire. S'il se fait réélire à moins de 50 ans, il sera le premier personnage historique du XXIe siècle. Il est moins stressé que nous sur le nombre de députés ou je ne sais quoi, ça ne l'intéresse pas ! » plaisante Patrick Mignola.

Emmanuel Macron se veut au-dessus de tout cela. Il déteste les chicaneries politiques. Il tique tout de même un peu quand il apprend qu'Édouard Philippe se rend place Beauvau, pour un déjeuner avec Gérald Darmanin. « Ce sont des amis qui se voient régulièrement », commentera sobrement l'entourage.

Le chef de l'État n'est pas à l'image de son premier cercle, que l'on dit trop confiant. « Il n'est pas prétentieux, il n'est pas "y a qu'à, faut qu'on". Il est président, donc il connaît la difficulté de l'exercice, l'alchimie qu'il faut pour y arriver », constate Thierry Solère. « Une dynamique peut tout changer, Chirac en trois mois passe de 14 % à 51 %, et Macron le sait. C'est un homme qui écoute beaucoup. Sarkozy, c'est un homme qui parle beaucoup. Ce n'est pas très fatigant un rendez-vous avec Sarko, car vous ne dites rien. Avec Emmanuel Macron, c'est tout l'inverse. Il parle assez peu, il lance des sujets et vous questionne dessus. »

« Macron, c'est Juppé au cube », lâchait parfois à Matignon Édouard Philippe. En clair, il lui prête une intelligence supérieure à celle d'Alain Juppé auquel il voue pourtant un culte ! « Mais, prévient Chinaud, les génies ne doivent pas être entourés de thuriféraires, c'est toujours dangereux, car un génie n'est pas un génie tout le temps. »

22.

L'enfant de l'époque

Toc, toc. Un grincement, un couinement sur une vitre. Je tourne la tête, la conversation s'interrompt. De l'autre côté de l'immense porte-fenêtre, un coq et une poule tentent de pénétrer dans la salle à manger de l'hôtel de Rothelin-Charolais. « Vous connaissez leur histoire ? me lance Gabriel Attal en les désignant. Le coq s'appelle Doudou, pour Édouard Philippe. La poule, c'est Castaner qui l'avait récupérée. Christophe appelait Édouard "mon poulet". Résultat, un jour, Édouard lui a offert le coq. On les met chaque soir dans un poulailler, car au début du quinquennat, il y avait des canards que le chien de Mézard [Jacques Mézard, ancien ministre de la Cohésion des territoires] avait mangés dans la nuit en sautant de l'hôtel de Castries. »

La conversation digresse sur le parc, ces jardins aux bosquets de roses et aux arbres centenaires qui communiquent entre trois ministères, le porte-parolat du gouvernement, l'Agriculture et la Cohésion des territoires : « C'est par cette grille que Benjamin Griveaux s'est enfui le jour des Gilets jaunes. » Le porte-parole du gouvernement, pourchassé par des hommes ivres de colère, s'est réfugié à Matignon : « J'ai vu ! Putain, ça va ? » lui lancera Édouard Philippe ce samedi funeste.

Les salons de l'hôtel de Rothelin-Charolais ont depuis retrouvé leur solennité : « Le président est sur tous les fronts car il ne sait pas d'où vient le danger. L'enjeu, c'est de rester maître du tempo politique et médiatique en imposant les thèmes. Depuis un an, on a fait des choses contre-intuitives avec le logiciel originel de Macron, comme le pass sanitaire. Mais la crise nous donne un nouveau narratif pour réinventer un projet. Il y a tout à reconstruire et 2022, ça va être la question de la souveraineté, du sociétal, avec une "société providence" où chaque Français s'engage en faveur du bien commun, et puis l'écologie, le nucléaire. »

Gabriel Attal, premier fantassin macroniste en 2017, est aujourd'hui la caution jeune du président. Avec son allure de jeune premier, ses bracelets porte-bonheur et ses costumes cintrés, il détonne dans ce décor mordoré aux moulures imposantes. Mais il est aussi, du fait de son profil très politique, un des rouages indispensables du dispositif. Il assure les attaques, fait passer les messages.

La veille, sous la verrière bleu blanc rouge du Jardin d'hiver, un dîner réunit les patrons de la majorité et un invité que personne n'attendait, Édouard Philippe. Pieds de veau, bulots et l'architecture de la prochaine organisation, la « maison commune », qui va chapeauter toutes les tendances de la majorité, voilà pour le menu. « La maison commune, c'est le contrat d'origine, avec LaREM et le Modem, mais attention : on est de droite et de gauche », lance le président en pointant Édouard Philippe. Affublé de sa barbe désormais bicolore – « une barbe blanche devenue l'image de la crise pour les Français », a joliment décrit Macron lors de sa remise de la Légion d'honneur –, l'ancien Premier ministre serre les mâchoires sur son siège, puis part dans une tirade ésotérique : « Maison commune oui, mais surtout maison du bonheur où chacun se sente bien dedans. »

Pour Attal, « le fait d'avoir clarifié aussi tôt, aussi proprement, son soutien au président lui laisse les mains libres pour construire et créer un rapport de force au sein de la majorité. Son but, c'est d'avoir un poids en 2022 avec des députés élus pour alimenter son parti qui lui permettra d'être candidat en 2027. Objectivement, je ne trouve pas ça anormal qu'il se pose la question et je ne vois pas trop qui d'autre dans notre espace politique. Le type a 50 ans, il a été Premier ministre, il est populaire, on ne peut pas lui demander d'aller dans un monastère tibétain et de faire vœu de silence. On est en politique. Ce n'est pas Jean-Marc Ayrault ! De ce que j'ai vu d'Édouard au pouvoir, en exercice, il a des ambitions qui sont légitimes par rapport à ce qu'il est. Dans cette génération, c'est le meilleur, le plus solide, même si ce n'est pas ma tasse de thé culturelle. »

Et Bayrou, lâcherait-il si facilement ce qu'il a mis une vie à construire, le Modem, lui qui est « en adulation devant Macron, ce n'est jamais de sa faute », comme dit Mignola, le patron des députés Modem ? « Bayrou voit bien qu'il est à la fin d'un cycle personnel, politique. »

Quand il n'est pas à l'aise avec un sujet, Gabriel Attal attrape une courte mèche de cheveux et fait glisser les fils bruns entre ses doigts. Le sujet ? L'énorme gifle du contrat des sous-marins avec l'Australie que Washington vient de piquer sans vergogne à la France : « Est-ce que ça vient alimenter l'idée d'un pays en déclin qui n'a pas réussi à avoir son vaccin ? Clairement oui. Faut-il pour autant se résigner ? »

Le porte-parole du gouvernement ne nie pas l'aspect anesthésiant de la crise sanitaire dans l'opinion : « Oui, les vagues, ça écrase tout le reste. À chaque fois qu'il y a un ressac, l'espace médiatique et la sécurité ressortent. En ce moment, on essaie de le porter avec le Beauvau de la sécurité. Là, il se passe quelque chose à droite, alors que j'étais très sceptique avant. Mais je ne mesurais pas le niveau de détestation de Xavier Bertrand à droite. C'est du délire ! Il leur a fait des gros coups de pute. Quand ils étaient tous ministres, il leur piquait des annonces. Pour nous, c'est plus difficile avec Pécresse qu'avec Bertrand, car elle a plus de soutien. Elle a un récit. »

Officiellement, ce n'est pas un sujet, mais Emmanuel Macron sait que l'arrivée de Zemmour dans la course percute ses plans et le duel annoncé avec Marine Le Pen. « Visiblement, il se passe quelque chose autour de sa candidature. Comme Zemmour est sur la ligne de départ, je vais passer mon temps à répondre à ses propositions de remigration, de prénoms. Oui, Zemmour monte très tôt, très haut. Mais sur tous les candidats, aucun n'est sur notre espace. »

Au début, Emmanuel Macron regardait Zemmour avec distance, prenant la peine de l'appeler longuement après son agression, ou faisant recevoir par son directeur de cabinet la présentatrice Christine Kelly. L'Élysée a aussi encouragé les ministres à aller débattre en plateau avec le polémiste, au risque de légitimer un agitateur aux propos sulfureux. Infréquentable. Et dans la majorité, on continue à se rassurer : pour Patrick Mignola, « les femmes en cuisine et les Arabes en bateau, ça ne va pas suffire », le danger est ailleurs. « Le risque principal, c'est une Pécresse ou une Hidalgo, car elles sont respectables. Pour quelqu'un qui déteste Macron, c'est compliqué de voter Zemmour ou Le Pen, mais voter pour une Pécresse ou une Hidalgo, c'est possible, pour se débarrasser de Macron. » François Bayrou et Richard Ferrand partagent son analyse, « trop haut trop tôt, ça sent mauvais ». Ce qui n'empêche pas le président de sonder les élus autour de lui : « Ça prend Zemmour chez toi ? »

En somme, la macronie ne voit pas la prochaine bataille comme une épreuve facile. « Le président me l'a encore dit récemment, prévient Gabriel Attal : "Ceux qui pensent que je serai réélu sans problème se trompent. Il ne suffit pas de se mettre sur les skis et d'y aller. Je ne suis pas convaincu de ça." Après, il est aujourd'hui dans de bonnes conditions. Quand on compare avec Nicolas Sarkozy, c'était le reniement car il augmentait les impôts, Hollande, c'était le quinquennat paralysé, empêché après la loi travail. Nous, ce n'est pas ça. » Macron finit en effet son mandat plus populaire que ne l'étaient ses deux prédécesseurs.

« Le moment où je l'ai trouvé le plus marqué, y compris physiquement, c'est le deuxième confinement, en novembre 2020. Il était en colère d'être réduit à cela. À devoir de nouveau enfermer le pays. » Une idée tourne en ce moment parmi les stratèges : « Ce qu'on va faire comprendre à l'opinion, c'est que Macron est le seul moyen pour une certaine tendance de gauche d'être représentée au gouvernement.

On peut ne pas être d'accord avec tout, mais le fait est que le pays est plus à droite qu'à gauche. Donc si Jean-Yves Le Drian, Olivier Véran et moi-même n'étions pas au gouvernement, on aurait Ciotti, Retailleau, Morano. On n'aurait pas fait la PMA pour toutes, les mesures en faveur de la santé ou de l'école. C'est ça qu'on doit dire à l'électorat de gauche. » Il ajoute : « Après, c'est vrai que le président a évolué. Sur le séparatisme islamiste notamment. En 2017, il avait une vision libérale, plus à l'anglo-saxonne. L'exercice du pouvoir l'a confronté à une réalité sur un certain nombre de territoires et l'a poussé à prendre toutes les mesures qu'on connaît, la loi séparatisme. Moi, c'est pareil, je viens d'un milieu parisien, j'avais plutôt une vision naïve de ces sujets, le fait d'être allé dans des territoires qui sont très marqués par ça, ça m'a ouvert les yeux. »

« Zemmour, la présidentielle, c'est la première étape de la recomposition à droite. Avec Éric Ciotti, Nadine Morano, ils veulent mettre la main sur LR. » Gabriel Attal continue de tourner sa mèche de cheveux entre ses doigts.

Résultat, « il ne faut pas qu'on donne le sentiment d'un quinquennat pour rien. À peine 20 % des Français considèrent qu'on a fait de vraies réformes. On a intérêt à capitaliser en disant :

“On est aux manettes, on agit”, plutôt que de promettre et proposer. Vous aviez l’habitude que le président pose le crayon dans les derniers mois du quinquennat. Nous, on va faire exactement l’inverse. Sur le bilan, on a fait quasiment tout ce qui a été promis suite au grand débat : la suppression de l’ENA, la convention citoyenne sur le climat, la prime d’activité, la défiscalisation des heures sup. » Gabriel Attal va finir sa journée comme souvent, en répondant sur Instagram aux dizaines de messages qu’il reçoit. Un ministre millénial qui n’en menait tout de même pas large le 11 août 2021 quand, après un Conseil des ministres en visioconférence, le chef de l’État lui demande d’assurer au débotté une conférence de presse. Il se trouve alors sans aucun membre de ses équipes, dans une petite salle de la préfecture d’Ajaccio. « Je suis seul au monde », texte-t-il à son cabinet.

Autre idée de l’Élysée : parler à la jeunesse, pour montrer une France optimiste, qui regarde vers l’avenir. La chance de Macron ? L’envie d’écologie est présente dans le pays, mais les écolos français ne font pas rêver.

Enfin, en janvier 2022, ce sera la présidence française de l’UE, que le chef de l’État voit comme l’acmé de son mandat. Et l’Élysée de se prendre à rêver d'un président candidat arborant les douze étoiles du drapeau européen, tel Napoléon au pont d'Arcole. Pas mal comme résurrection après un quinquennat de tempêtes.

23.

La fauve

Plus l'élection approche, plus la macronie attire des transfuges, notamment de droite. Le premier d'entre eux, Nicolas Sarkozy, continue de valser entre les deux camps. D'autres, plus préoccupés par leur avenir, vont rapidement franchir le pas : Christian Estrosi, Éric Woerth, Renaud Muselier. Rachida Dati navigue en eaux troubles, fidèle à sa famille tout en ménageant Macron, qui pourra toujours lui être utile. « Sur le papier, je pense que Macron sera réélu, prédit-elle. Mais à un moment donné dans l'isoloir, les gens vont se dire "avec lui on s'est mangé le Covid, les Gilets jaunes, les manifs, la violence urbaine, non, on passe à autre chose". »

Certaines choses ne changent pas : avec Rachida Dati, la langue de bois n'est pas le genre de la maison et la sulfateuse est de sortie. Tout le monde en prend pour son grade : Anne Hidalgo, sa meilleure ennemie, Gérald Darmanin, Bruno Le Maire, Jean Castex. « Vous savez, depuis toujours, les gens me disent que je suis un gadget, que j'ai acheté mes diplômes au Maroc. Donc j'ai pas le choix : j'avance, je fais. »

Elle trouve l'ambiance de la France post-Covid triste : « Moi, quand j'étais jeune procureure, j'étais de perm au parquet, je sortais au Cabaret Sauvage. T'arrives sur la piste de danse, tu te secoues ! Je foutais le téléphone du bureau dans mon soutien-gorge. Lorsqu'on m'appelait et qu'on me disait : "Madame la procureure, il faut venir, il y a une scène de crime", je répondais : "Vous êtes sûr que ce n'est pas un suicide ? Faut vraiment que je vienne ?" À l'époque, on sortait tout le temps. Alors que maintenant, c'est : "Allô, j'ai pas le moral, tu veux pas venir ?" Moi, j'ai connu la fiesta non-stop, les nuits blanches, le tribunal sans dormir le lendemain matin. Aujourd'hui, la fête est finie. À 20 heures, je suis chez moi avec le plateau sur les genoux. Dès que tu vas quelque part, t'es en mode confession : "Ça va ? Ouais, bof." Et en politique, tu te fais chier. Je vous jure que pour ceux qui ont suivi

Sarko, c'était plus rock'n'roll. Même la campagne de Paris, vous nous avez suivis, c'était plus marrant. » Elle me regarde, hilare, et poursuit : « Les gens qui me traitaient de connasse, je leur répondais : "Y a plus connasse que moi, non ? Celle qui dirige la ville ?" »

Hidalgo, sa meilleure ennemie, son punching-ball permanent : « Hidalgo, elle n'a plus de majorité au Conseil de Paris, elle perd tout, et son sang-froid avec. Moi, au Conseil de Paris maintenant, je sors le pop-corn ! La gauche n'a plus de militants, plus de socle. Celui qui pourrait l'incarner, c'est Mélenchon, il est à portée de gens, il donne le sentiment qu'il n'est pas un apparatchik, il est accessible. Je le connais bien, il a beaucoup d'empathie. Sur la gauche, je le regrette. D'ailleurs, à Paris, avec la campagne des municipales, j'ai réinstallé un clivage droite-gauche. » « Hidalgo est dans une surestimation d'elle-même. Elle n'est jamais dans une forme de modestie politique. Celui qui en parle très bien, c'est Delanoë. Hollande aussi, je le connais bien et ce qu'il dit d'elle est terrible. »

Et la campagne à droite alors ? « Il faut du souffle. Les sujets régaliens, c'est de l'âme et une vision. Les idées, maintenant, c'est le sociétal. Regardez Sandrine Rousseau, et vas-y l'écoféminisme et l'éco je ne sais pas quoi, je n'en ai rien à foutre moi de la cancel culture, vas-y, déboulonne les statues si ça t'amuse. » On comprend vite que Valérie Pécresse n'est pas sa tasse de thé, d'autant que sa campagne est dirigée par Patrick Stefanini, le plus grand ennemi de Rachida Dati. Car dans cette famille de droite où l'anthropophagie est de mise, les coups les plus brutaux viennent systématiquement de l'intérieur.

Et Édouard Philippe, il ne va pas compliquer la tâche des LR, en lançant son parti et en siphonnant une partie de leur électorat ? « Je sais bien que vous, les journalistes, vous êtes tous en extase devant Édouard Philippe. Moi, je suis pas en extase devant un rien ! » Éric Zemmour ne l'inquiète pas non plus : « Je le vois enivré, il a pris goût aux OS [officiers de sécurité]. Si j'avais dit le quart de ses propos, on m'aurait renvoyée au Maroc, en Algérie ou je ne sais où ! Comme dit Sarko, Zemmour, c'est le symptôme du vide. Les gens ont la trouille. »

Que pense-t-elle justement de Nicolas Sarkozy, dont elle reste très proche ? « Une chose est sûre, il n'ira pas soutenir Macron contre sa famille politique. Im-po-ssible. » Et Macron ? « Oui, on échange, mais il fait ça avec trois cent cinquante millions de personnes ! Catherine Nay dit qu'il est "un allumeur qui ne passe pas à l'acte". L'ambiance en France est quand même très lourde. Ses ministres, il ne les voit jamais, ça passe par Brigitte. Ils appellent Brigitte dès que ça couine : "Tu peux dire au président que j'ai bien travaillé, que j'ai dit que c'était le meilleur." L'effet de cour est très fort, car Macron ne s'entoure pas. Et la distribution des chèques, si Hollande ou Sarko avaient fait ça… Avant, l'usage voulait qu'on coupe un peu les robinets avant la présidentielle. De ce quinquennat, on ne retiendra que les crises. Il aurait pu marquer quelque chose, le plus jeune président. Vous avez vu l'augmentation de la pauvreté ? On est sur des records. Après vous pouvez dire qu'on est en plein-emploi… »

Et le Premier ministre, Jean Castex ? « Comme dirait Sarko, je me suis rendu compte lors de sa nomination qu'il avait été mon collaborateur ! » Éclats de rire. « Et Sarko ajoute : "En plus, quand il prend des décisions, c'est toujours les mauvais choix. Il était inexistant." »

Darmanin ? « Il dit que des conneries. Sur les violences urbaines, il se dédouane en disant que c'est parce qu'il s'attaque aux trafics. Mais ce n'est pas des points de deal, ce sont des endroits où les flics ne vont plus car ils s'y font caillasser.

C'est tout. Darmanin, je pense que c'est usurpé, il n'est pas dans la veine des grands ministres de l'Intérieur, de gauche ou de droite d'ailleurs. » En revanche, Rachida Dati apprécie le ministre de l'Économie, Bruno Le Maire : « Tout ce qu'il dit est intelligent et bien, mais dès que tu as éteint la télé, tu ne sais plus qui a parlé. C'est dommage. Mais je l'aime bien. » Notre rendez-vous s'achève, soudain la fauve Dati laisse échapper : « Je ne sais pas tirer à blanc, quand je tire, je tire. »

Quelques semaines plus tard, je comprendrai mieux les mots prudents de Rachida Dati à propos d'Emmanuel Macron : elle demande à faire embaucher sa sœur dans la campagne du président, ce qui sera chose faite début 2022. En échange ? Pourquoi pas un soutien de LaREM aux prochaines municipales à Paris, ou un pacte de non-agression si d'aventure elle prenait la direction des LR, laissés forcément exsangues par la présidentielle.

24.

Comment réenchanter ?

C'est une fin de journée où la douceur domine. Le bleu pâle du polo fait ressortir des avant-bras nerveux. Au dos de la chaise en teck, un sweat-shirt zippé à capuche. Il vient tout juste de se changer, il a même conservé son pantalon de costume et ses chaussures de ville. Concentré, le torse et le visage penchés sur des parapheurs verts, bleus, jaunes, il lit, rature, annote, signe. Il s'est toujours construit par le travail, dès son plus jeune âge auprès de sa grand-mère, puis plus tard quand il préparait les concours les plus difficiles de la République. La table est installée sur la terrasse arrière du Palais, devant le salon des Portraits. Face à lui, des orangers dans leurs élégants pots de bois blanc, puis l'horizon jade de la pelouse incurvée. Le soleil se brise sur les feuillages encore verts.

Comme d'habitude, il faut tout gérer très vite. Sa disponibilité à la fonction est totale, il peut rester des heures à une réunion prévue trente minutes et connaît ses dossiers mieux que les ministres. Mais derrière la verticalité, pointe une intranquillité, un penchant pour l'indécision, l'irrésolution, une jeunesse. La charge est énorme pour quiconque, elle l'est encore plus pour quelqu'un entré en politique à peine quelques années plus tôt. Isolement, solitude, fonctionnement clanique, courtisanerie, à cette altitude, la liste des maux encourus est longue. Alors il faut avancer, réformer, toujours être dans le mouvement, effacer l'image d'un président empêché par les crises. Afficher un visage serein et combatif. Et garder en tête que le favori n'est bien souvent jamais l'élu.

Ensuite, pour l'élection ? Les choses se dessinent clairement dans sa tête. Ce sont les mêmes qu'il y a cinq ans. Il veut toujours emporter les Français, embrasser le pays dans un tourbillon positif. Il fait des erreurs, on ne l'aime pas, mais il veut y aller. Parce qu'il a gagné en 2017 contre tous les sceptiques, il n'est pas enclin aux tergiversations. Il bout d'ailleurs d'en découdre avec les Zemmour, Le Pen et autres. Dans son esprit, tout est lié, l'après-Covid, le plan de relance, les dernières réformes, la campagne. « On va se battre », dit-il à son entourage, mais « il faut faire les choses dans l'ordre. Un escalier se balaye de haut en bas ». Obsédé par la trace qu'il laissera dans l'Histoire, « il sait que sans ces cinq ans de plus, il ne fera pas la différence », analyse un proche. Il a séduit car il représentait à lui seul une promesse de réforme. Il veut maintenant apparaître comme le point d'équilibre d'une société qui se disloque. Pour la campagne, il veut mettre en avant quatre ou cinq objets politiques forts autour de l'éducation, la santé, le travail, le pouvoir d'achat et les institutions, la refonte démocratique. Mais quelle image retiendront les Français ? Un pragmatique habile ou un opportuniste cynique ?

Il sait ce qu'il va dire au pays. La question est : comment le dire, comment les emporter de nouveau ? Dans une tribune publiée à l'automne 2021, le président parle des passions tristes, des tentations séparatistes, de nouvel âge de la violence, de désindustrialisation, de dette, de réchauffement climatique, « et pourtant, une résistance remarquable transparaît. Comme un inaltérable esprit français [...], nous ne sommes pas une nation de demi-mesures, mais de transformations radicales, de révolutions qui débordent le monde [...]. Je crois en nous, en cet esprit français fait d'ambition, de goût du progrès et de conscience civique que rien, pas même l'accélération de l'histoire que nous vivons, ne peut abîmer ».

L'ambition, le goût du progrès, la conscience civique, le désir d'engagement, l'esprit français, la résistance, l'écologie. Un tableau où s'esquisse le vocabulaire du futur candidat Macron. « Tout ça, c'est les tripes d'Emmanuel », dit Sibeth Ndiaye.

Au même moment, Philippe Grangeon milite auprès du président pour la refondation d'En marche. Quatre années ont suffi à rendre moribond le parti présidentiel. « La France s'est balkanisée. Vous ne pouvez pas vouloir apaiser un pays et ne pas le faire dans votre propre camp. Mais c'est un monde qui n'est pas le sien. Il pense que ce n'est pas de son niveau, il n'a jamais été élu. Il ne sait pas ce que c'est d'être conseiller municipal, maire, député, sénateur. C'est avant tout un homme de gouvernement, pas un homme de parti, d'organisation. Ça n'est pas sa priorité. Mettre X ou Y à telle ou telle place, ces trucs-là l'emmerdent. Il est devenu président de la République, il n'a fait qu'une bataille électorale. Il y a des choses incompressibles dans l'expérience, et là, c'est le temps qui est incompressible. » Le rythme ternaire du quinquennat semble toujours le même : enthousiasme, déception, accoutumance.

Et pour la réélection ? « Il faut trouver un chemin qui n'est pas simple, un équilibre entre audace et raison. En 2017, il n'avait ni passé ni passif, ce qui est toujours un avantage, mais ce n'est plus le cas aujourd'hui. Est-ce que l'offre proposée est toujours valable ? Et puis les Français savent-ils qui il est ? Pas sûr », analyse Grangeon. Il poursuit : « Ce n'est pas un homme politique classique qui serait sur le circuit depuis des années. Sur certains sujets, il est plutôt proche de la gauche, sur d'autres, il est plus sensible à la droite, et puis, il est président de tous les Français. Aujourd'hui le pays est plus à droite qu'à gauche, donc il fait avec. »

Mais il pense aussi que cette comète a dix vies devant lui : « Regardez les anciens présidents, ils sont là avec leur lampe de poche et dès qu'il y a un trou de souris, ils rentrent dedans. Lui n'est pas du tout comme ça. D'ailleurs, il est insaisissable pour tous ces gens-là. »

La crise a-t-elle vraiment modifié l'image du président, gommé ses aspérités ? Ses soutiens le croient. Pour Thierry Solère, c'est l'image de capitaine qui va beaucoup jouer : « On aime bien les hommes qui traversent des tempêtes. Il est beau, jeune, élu à 39 ans, on se dit qu'il est parfait, presque inhumain. Avec un couple très atypique. Avec les crises, il gagne en humanité. En ce moment, les Français ont peur à cause du chômage, du terrorisme, du Covid. Est-ce que vous voulez être rassuré par un bonimenteur ou avoir plutôt quelqu'un qui vous rassure ? »

Le président aime cet élu issu des Républicains au pedigree sulfureux : « Macron ne ment pas, il bosse, il le fait sincèrement, méthodiquement. Il est très sur la balle. Les idées claires avec des vrais choix. Pour 2022, un second tour Le Pen-Macron, c'est vraiment deux visions de la France qui s'opposent formidablement : une France du repli sur soi, de la protection, du rejet et de la peur de l'autre, face à une France de l'avenir, de la prospérité », s'emballe Solère.

Pour autant nul ne sait ce que décidera le président le moment venu : « C'est un de ses traits de personnalité : à chaque fois qu'on lui suggère un scénario, il choisit toujours le plus risqué. C'est son caractère, il est joueur. Il est comme Chirac sur l'affect, il promet monts et merveilles et fait ensuite exactement l'inverse. De Mitterrand, il a le côté "je calcule", de Giscard, le rejet des partis, la tuyauterie, il s'en méfie », témoigne Thierry Solère.

Et puis, il y a la chance, Philippe Grangeon en sait quelque chose : « C'est fondamental. La dernière fois, Macron a eu de la chance, celle des circonstances : un Benoît Hamon qui a singé Mélenchon, une Le Pen qui ne voulait pas gagner et un Fillon qui s'est pris le TGV dans son salon. Mais au chapitre des faiblesses, il y a quelque chose chez cet homme, moi qui le connais bien ou qui crois le connaître, on se demande toujours qui il est. Enfin, il a démarré sur une promesse très transversale et il n'a pas trouvé l'équilibre nécessaire entre le collectif et Jupiter. Tout repose sur ses épaules. »

En 2017, guidé par une vision messianique, Emmanuel Macron a conquis le pouvoir tel un Bonaparte des temps modernes. Il pensait que son élection créerait une catharsis. Comment surprendre de nouveau ? En choisissant la modération, la raison, en laissant le bruit et la fureur aux oppositions, et pourquoi pas, en désignant une femme à Matignon. L'idée le taraude depuis longtemps. Déjà, il y a cinq ans, Nathalie Kosciusko-Morizet avait fait acte de candidature.

Le nom avait été envisagé un temps pour un ministère, mais pas pour Matignon. « On avait notre Édouard ! » se souvient Sibeth Ndiaye dans un grand sourire. Puis en 2020, Valérie Pécresse a laissé entendre que si elle était sollicitée, elle accepterait. Pour un proche, « l'idée de nommer une femme à Matignon habite Macron. Quand tu cherches les cordes de la harpe de "je réenchante", il y a forcément celle du ticket, du ticket avec une femme ».

Une femme à Matignon, ce serait le contre-pied rêvé. Et l'équation Pécresse coche plusieurs cases : femme, centre droit, ancienne ministre, rassurante et contrôlable. C'est un secret pour peu, la présidente de la région Île-de-France est vue dans la majorité comme Macron compatible. Même si ses relations avec le chef de l'État sont fraîches, ils ne se sont vus que deux fois en tête-à-tête. « Ce n'est pas sympa ce que je vais dire, mais elle n'est pas au niveau. Elle ne me met pas des étoiles dans les yeux. Elle n'a pas de vision », tranche sans ciller Sibeth Ndiaye.

Une fois l'hypothèse Pécresse levée par sa désignation comme candidate de la droite républicaine, le nom d'une autre femme circule avec insistance au sommet de l'État : Christine Lagarde. La ministre du Travail, Élisabeth Borne, est également sur les rangs. « Même basse dans les sondages, si Macron est malin, il nomme Pécresse à Matignon. Ça fout la merde à droite, il explose Édouard Philippe, comme de toute façon ils se détestent, et ça met la droite à terre », analyse Jean-François Copé. L'ancien ministre de Chirac et de Sarkozy enfonce le clou : « Macron, il n'en a rien à foutre de rien, il n'a pas d'affect. Enfin, non, il ne supporte pas que quelqu'un brille à côté de lui. »

Pour le chef de l'État, la stratégie est une affaire de tempérament et d'intuition. Il a une propension à forcer le destin pour s'affranchir des pesanteurs ; il s'est construit sur la transgression personnelle, familiale, politique. « La France unie » de François Mitterrand, oui, ça pourrait être ça pour la campagne. Et le dépassement sera le nouveau « en même temps », pense-t-il. Il voit la politique comme une guerre de mouvement. « Macron, c'est un banquier d'affaires, il noue et dénoue un deal en quelques minutes, en en changeant complètement les termes », décrit un intime, stupéfait. En attendant, son obsession est de pouvoir dire aux Français : « J'ai tenu mes promesses », de se présenter devant les électeurs avec l'ensemble de son programme accompli.

Mais que reste-t-il des rêves et de l'appétit carnassier du jeune homme de 2017 ?

Dans le passé, il a dit en vouloir aux générations de politiques qui ont maintenu les Français dans la léthargie pour pérenniser un système endogamique. A-t-il réussi à abattre ce monde vitrifié ? A-t-il réussi à juguler les maux français, le chômage, la dette, la faiblesse du roman républicain ? Son mandat a été à l'image de son parcours, sans répit.

25.

La campagne secrète

« Et vous, vous regardez quelle série en ce moment ? » Le Falcon vient tout juste de décoller du tarmac de Strasbourg et déjà Nicolas Sarkozy, en très grande forme, alpague François Bayrou. « Moi, monsieur, je ne regarde pas de séries, je lis », lui répond l'agrégé de lettres d'un air pincé. Le patron du Modem, l'ancien président, les conseillers Thierry Solère et Stéphane Séjourné sont réunis dans l'avion présidentiel après un hommage rendu à Valéry Giscard d'Estaing au Parlement européen. Emmanuel Macron est resté à Strasbourg, retenu par des obligations européennes. Quarante-cinq longues minutes jusqu'à Paris dans ces quelques mètres carrés qui vont devoir contenir la fougue de Sarkozy.

Décidément en verve, l'ancien président s'agite sur son siège. Comprenant qu'il ne tirera pas grand-chose d'un Bayrou complètement éteint, il décide de cibler un autre passager, le député européen Stéphane Séjourné :

« Alors comme ça, vous, vous êtes au Parlement européen ?

– En effet, répond Stéphane Séjourné.

– Moi aussi, j'ai été député européen, quelques semaines. Mais j'ai arrêté très vite. Vous savez pourquoi ? Je me serais suicidé si j'étais resté ! » ricane un Sarkozy fier de sa chute.

Séjourné ne sait que répondre face aux soubresauts sarkozystes. La conversation se poursuit :

« Bon, et sinon, vous avez des enfants ? » demande, perfide, l'ancien chef de l'État qui sait pertinemment que Séjourné est le compagnon de Gabriel Attal.

Le vol s'achève, Sarkozy sort du Falcon puis se retourne et attrape le bras de Thierry Solère : « Mais comment tu fais avec ces gens ? Moi, je ne pourrais pas ! »

Précisément au même moment, sa famille politique vote pour désigner le futur candidat à l'élection présidentielle. Surprise, c'est le très droitier Éric Ciotti qui arrive en tête, suivi de Valérie Pécresse. Le même Ciotti qu'Emmanuel

Macron avait tenté de rallier à coups de SMS séducteurs en 2017 – « Tu dois me retrouver, la vie est inventive » – et qui aujourd'hui assure voter Zemmour en cas de second tour face au chef de l'État. Bertrand n'arrive que quatrième. Deux jours plus tard, Pécresse est officiellement désignée candidate de la droite républicaine. « Il faut quand même l'avouer : on a fait le casse du siècle ! On sentait bien que Bertrand, ça ne prenait pas, mais qu'il arrive quatrième, ça nous a scotchés », lâche Alexandra Dublanche, un des bras droits de Pécresse. Depuis sa désignation, quelque chose a changé chez cette femme au parcours impeccable mais à la psyché insondable. Le pas, le port de tête qui, imperceptiblement s'est modifié, le menton pointant plus haut, l'air de dire « vous avez vu ce que vous avez vu ».

À l'Élysée, les premières semaines se révèlent prudentes et hésitantes sur le cas Pécresse. Si Macron ne l'a jamais jugée très « au niveau », il pense également qu'elle peut séduire l'électorat de droite modéré et faire revenir une partie des fillonistes éparpillés depuis 2017. En petit comité, le président ne se prive pas de souligner « l'effet femme » qu'il craint en pleine période post-MeToo. « Macron a tout misé sur un combat avec l'extrême droite, c'est la garantie de sa réélection ; mais au bout du compte, pour moi, ce sera Macron contre Pécresse. Elle, sa difficulté, c'est de passer le cap du premier tour », analyse l'ancien ministre Brice Hortefeux. Mais comment rassembler et tenir les « deux bouts de l'omelette » ? « Mais c'est traditionnel, ça, dans notre famille politique ! Il faut une jambe sur la modernité et une sur l'autorité. La modernité doit changer de camp, passer de Macron à nous. Et là, 50 % du chemin est fait car Valérie est une femme. Si elle marche sur ces deux jambes, elle gagnera. »

Très vite, le camp Macron est rassuré par la campagne atone et le discours sans souffle de Valérie Pécresse. Quand, début février 2022, elle est interrogée par les syndicats de police sur son programme sécuritaire, Gérald Darmanin se glisse dans la salle. Le ministre de l'Intérieur la trouve « faiblarde, autrement moins bonne que Marine Le Pen ». Lui, l'ami de Xavier Bertrand, ne comprend pas le choix de son ancienne famille politique : pourquoi la droite, qui reproche à Emmanuel Macron d'être techno, parisien, élitiste, a choisi une représentante techno, parisienne, bourgeoise, mais beaucoup moins talentueuse ?

Quant à la ligne Pécresse, cette droite agressive qui flirte sur son extrême, une droite prête à franchir « la ligne jaune de la non-démocratie », comme disait François Mitterrand, qu'en pense Emmanuel Macron ? « Nous vivons, je le crois profondément, une reconfiguration du champ politique dont je suis à la fois un des initiateurs et le produit. Qu'ai-je porté en 2017 ? Un projet de dépassement des clivages anciens et de rassemblement des personnalités de droite, de gauche et du centre qui se reconnaissaient dans quelques valeurs simples : l'Europe, le progrès, le travail, l'égalité des chances, l'ouverture au monde. Vous ne trouverez pas un responsable qui m'a rejoint qui ne se reconnaisse pas dans ces principes, auxquels j'ajouterais aujourd'hui la lutte pour le climat et une certaine idée de l'indépendance française.

« Le problème de la droite comme de la gauche est que, sur tous ces sujets, les responsables ne sont pas d'accord et que les partis sont traversés par des fractures irréductibles. On ne peut en effet être à la fois pro-européen et mettre en cause l'État de droit, prétendre incarner la modération et parler de grand remplacement, vouloir l'universalité républicaine et céder aux sirènes du wokisme, défendre la démocratie et refuser de choisir entre le champ républicain et les extrêmes.

« Je suis assez gramscien : tout commence par la pensée et les idées. Il y a un énorme travail de refondation idéologique à fournir dans ces camps-là. »

Dans les semaines qui suivent, ce n'est pas la campagne Pécresse qui inquiète, mais plutôt celle de Marine Le Pen. Macron y fait parfois référence lors des réunions avec sa garde rapprochée. « Elle fait une très bonne campagne, elle est sur le terrain, elle crée une dynamique, une désirabilité », répète le président à ses proches. Mélenchon aussi l'interpelle, et parfois même l'impressionne, notamment avec ce meeting olfactif organisé début 2022.

En revanche, il est devenu plus sceptique sur Éric Zemmour, qui selon lui a abîmé sa présidentialité avec ses propos sur les Juifs, le Bataclan, les enfants handicapés. Pour Macron, la radicalité du polémiste le condamne à plafonner. Et décidément, il n'aime pas sa compagne, Sarah Knafo. « À chaque fois qu'Emmanuel me parle de Zemmour, c'est pour parler d'elle. Il ne l'apprécie pas, ça c'est sûr. On avait rencontré Zemmour avec son épouse, elle est charmante », ironise parfois Brigitte en petit comité.

Car malgré les dénégations permanentes, les fuites orchestrées sur les doutes du président pour un second mandat, sa décision est prise depuis longtemps. Finance, soutiens, projet, la campagne s'organise minutieusement depuis des mois, sous le contrôle de l'Élysée et de son secrétaire général, Alexis Kohler. Si les Français savaient que certains meetings ont été pensés depuis septembre 2021 ! Aux manettes, comme toujours, Macron lui-même : « La salle a bien été réservée ? Tout est en place ? » « Le président déteste que l'information circule, c'est pour ça que les choses se font dans le plus grand secret », explique Stanislas Guerini. Les équipes sont recrutées, Ismaël Emelien et David Amiel se chargent du programme, toute une armée de l'ombre attend son chef d'orchestre. Le futur slogan, « Avec vous », est validé depuis un moment. À l'heure de remettre son bilan en jeu, il faut trouver le bon dosage entre des éléments de rupture, de disruption, et la garantie de la continuité.

Le chef de l'État préside de plus en plus souvent les réunions où la bataille se met méticuleusement en place. Pendant ces déjeuners à l'Élysée, on disserte tactique, ralliements, stratégie, en picorant des sushis : « On en a marre mais il adore ça ! » commente un participant. Pas un politique, pas un ministre n'est présent. Macron ne leur fait pas confiance, tout se retrouve à un moment ou un autre dans la presse. Il dit parfois que « les ministres sont un mal nécessaire, des gens pour faire joli ». Des lieutenants méprisés et infantilisés : leurs interviews sont relues à la loupe, des SMS très directifs souvent envoyés avant un passage télé. Et pas que les ministres. Un soir, Kohler sort d'un rendez-vous avec François Bayrou. Le patron du Modem ne lui a parlé que des législatives. À tel point que Kohler finit par lui dire : « Avant, il y a quand même la présidentielle. » Ce à quoi Bayrou répond : « Oh ! Moi, j'ai été trente ans dans l'opposition, c'est assez confortable ! »

Les législatives risquent d'ailleurs de ne pas être une mince affaire, entre un Édouard Philippe qui va vouloir une part du gâteau pour son nouveau mouvement Horizons, et un François Bayrou qui ne compte pas lâcher celle du Modem. « On ne va pas faire la IVe sous la Ve », bougonne Richard Ferrand, en référence au régime des partis ingouvernable de l'après-guerre. « Édouard veut structurer sa propre majorité. Quand tu as fait ce qu'a fait Édouard, c'est normal. Et il peut plus saquer Guerini, Ferrand, toute cette clique », grince Thierry Solère. Dès le lendemain du second tour, c'est l'enjeu du leadership dans la droite macroniste qui va se jouer. « Philippe est persuadé qu'après la réélection, il peut tenir le cap tranquillement jusqu'en 2027. Mais il se trompe. L'Élysée ne laissera pas faire », juge un ministre.

Il faut aussi gérer les idées plus ou moins farfelues des ministres, ces « gens pour faire joli ». Marlène Schiappa veut lancer un groupe de travail sur l'empathie tout en publiant son dixième livre du quinquennat, Gabriel Attal refuse de diffuser une vidéo qu'il a tournée pour les militants car il s'y trouve « moche », Jean-Michel Blanquer est crucifié par les médias après son séjour à Ibiza en plein cafouillage sur le protocole à l'école, et on apprend que, pendant les deux dernières années, le ministre des Transports, Jean-Baptiste Djebbari, a eu le temps de suivre des cours pour valider un master à l'École polytechnique… « On n'est pas aidés ! » lance le président complice à Alexis Kohler.

26.

Un personnage de roman

> « En tout commencement,
> un charme a sa demeure. »
>
> Hermann Hesse

« Macron est trop beau, trop intelligent, il a tout réussi, c'est pour ça que les Français ne l'aiment pas. Le Français, quand il se regarde dans la glace, il n'est pas content, il est jaloux. Du coup, il n'aime pas ce président », théorise parfois Jean Castex. Trop jeune, trop brillant et donc forcément arrogant, Macron déclenche l'aversion chez un peuple souvent insatisfait, mécontent, belliqueux. « Ouvrez la presse, nous sommes un pays qui met en scène ses propres colères », analyse finement Christophe Castaner. On ne le déteste pas, on le hait. Sarkozy aussi était détesté, mais c'était idéologique. Contre Macron, c'est une haine de classe, on ne se reconnaît pas en lui. Emmanuel Macron le sait désormais : en cette fin de quinquennat, il a fait le deuil de l'amour des Français. Mais il n'a pas renoncé à les convaincre. « En 2017, il était au diapason avec les Français. C'est ça qu'on veut retrouver », commente Stanislas Guerini. Être au diapason, repartir du terrain pour faire société et porter un futur quinquennat du plein-emploi. Les nouveaux maîtres mots sont réindustrialisation, souveraineté et État protecteur.

Pour cette campagne, le président a été tenté d'écrire un livre pour présenter son projet, détailler sa pensée. Lui, le littéraire, voulait s'adresser directement aux Français, avec la longueur que permet l'écrit. Son entourage l'en a dissuadé. Pourtant, il le voit bien, rien n'est gagné en ce début 2022, tout est glissant, gazeux, dans cette société post-Gilets jaunes.

Il mène cette campagne tambour battant, mettant en pratique la stratégie sarkozienne de « la cible mouvante » : pour gagner, un candidat doit forcer ses adversaires à courir derrière ses idées et ne jamais être là où on l'attend. C'est la quadrature du cercle : transgresser sans se renier pour être réélu. Et continuer à provoquer, à cliver, quitte à « emmerder » les Français. Pourquoi d'ailleurs répondre par la provocation aux peurs d'une partie de la population ? « Nous ne ferons reculer les tentations extrémistes et les passions tristes que par l'efficacité, en traitant le terreau sur lequel elles prospèrent : le chômage de masse, le manque de perspectives, la fracture entre une supposée élite et le peuple, l'impression d'être dépossédé de sa culture, de son Histoire, de son imaginaire.

« Or pour être efficace il faut nommer les choses, pointer les problèmes sans fausse pudeur. Et donc, oui, je revendique de dire le vécu des Français, et pour cela d'utiliser les mots qu'ils utilisent.

« Pour moi, ce n'est jamais de la provocation, mais au contraire de l'empathie : rien ne serait pire que de réduire la détresse de ne pas trouver un emploi à des statistiques, la peur quand on rentre chez soi le soir à un simple "sentiment" d'insécurité.

« C'est la langue stéréotypée et technocratique qui fait le lit du populisme, pas le fait d'épouser par les mots le vécu des Français », développe le président.

Il y a toujours chez lui cette obsession de séduire, de convaincre, de pousser à l'amour, cette quête d'un rapport charnel avec le pays. Mais la politique ? Alors que Hollande ou Sarkozy se consument pour ces jeux, qu'ils n'ont de cesse de chercher le plus minuscule trou de souris pour y revenir, lui semble flâner sur une route qui s'est offerte à lui par ruse et hasard des événements. Il n'est pas de ce bois-là. On sent qu'une fois la partie finie, il n'y retournera pas. Faux, pense Castaner : « Arrêter ? Mais ça reste un gamin, en 2027 il aura moins de 50 ans ! Ceux qui pensent qu'il va arrêter après un second mandat se trompent. Il ne lâchera rien, c'est certain, et pourquoi pas revenir en politique après une autre aventure ? Il n'aura pas envie de dire : "J'ai servi les Français pendant dix ans et maintenant, je vais aller faire autre chose." Parce que le "autre chose", c'est quoi ? Gagner de l'argent ? Pas son trip. Partir sur les institutions européennes ? Pas son trip non plus. Il ne va pas remplacer Ursula von der Leyen ; des postes comme le sien, à la présidence de la Commission européenne, ne sont pas des postes où on a du pouvoir. »

Emmanuel Macron est sincère dans son amour de la France et sa volonté de « faire » pour le pays, mais jusqu'à quand ? Qu'y a-t-il de réellement enraciné chez lui ? On le sent habité d'autres passions : « Je ne me considère pas comme un homme politique. Simplement comme un citoyen engagé, en mission pour son pays et ses concitoyens », m'écrit-il. Qui est le vrai Macron ? Celui qui recadre sévèrement un jeune qui l'apostrophe en l'appelant Manu, ou celui qui en laisse un autre faire des roulades sur les pelouses de l'Élysée ? Il a été candidat par malice de l'histoire, il a gagné avec cette désinvolture brillante qui caractérise les dandys. Sa liberté, il en a fait une arme, libre d'aller à droite toute, de revenir à gauche – peu –, libre. Libre de découper la politique en parts de marché : la plus grande est à droite, donc à droite toute.

Mais après avoir anémié et la gauche et la droite, après cinq ans de tumultes et de tempêtes, que restera-t-il du macronisme ? Sa pensée politique n'est-elle pas avant tout un pragmatisme, un « en même temps » sans colonne vertébrale ? Il faudrait attendre que la poussière de l'actualité soit retombée pour réfléchir, raisonner, lui qui aime tant « limer sa cervelle » à celle d'autrui, mais il ne peut pas. Mille décisions arrivent chaque jour sur son bureau, et si elles remontent jusqu'à lui, c'est que problème il y a. Brigitte s'en plaint : « Il fait tout lui-même, même signer les parapheurs ! Le week-end, on transporte tout à la Lanterne, et il passe son samedi soir à les signer jusqu'à 2 heures du matin ! »

Pour la campagne, il faut traiter tout le monde, recevoir pour la énième fois Sarkozy à déjeuner, dîner avec Bayrou et Ferrand, décorer Christine Lagarde. « Sarkozy n'a pas du tout envie qu'on gagne, ça, c'est sûr ! » s'exclame Jean-François Copé, l'ancien ministre et conseiller de Valérie Pécresse. La campagne de la candidate prend en effet l'eau de toutes parts depuis son meeting raté du Zénith en février 2022. Macron, lui, ne laisse rien au hasard, la moindre chapelle est un réservoir de voix. Exemple, le dîner de lancement de la saison France-Portugal en présence du président portugais début février. « On va se mettre tous les concierges de Paris dans la poche », lance un Macron content de sa plaisanterie.

Alexis Kohler, le secrétaire général de l'Élysée, est déjà dans l'après-élection, préparant les cent premiers jours du futur mandat, comme le président qui ne lâche rien. « Si c'est pour faire les mêmes choses qu'il y a cinq ans, ça ne m'intéresse pas, les lois, les décrets, les ordonnances. On parle de nouvelles méthodes, il faut que je donne des gages », martèle-t-il au premier cercle, « il faut être bien élu pour bien gagner les législatives. Le risque, c'est 2002, l'arrogance, la démobilisation. Il faut être concentré et humble. Je dois réussir ce qu'on n'a pas pu faire, aller au-delà, et rester très libre ».

Il pense également qu'il ne faut jamais sous-estimer ses adversaires, que ce soit Éric Zemmour ou Marine Le Pen, car derrière ces personnalités, il y a des électeurs. « Vous ne pouvez pas comprendre l'électorat qui adhère à leur discours si vous ne vous frottez pas à leur rhétorique », explique-t-il parfois à son entourage. Un jour, passant avec son cortège devant l'Assemblée, le président aperçoit la présidente du Rassemblement national. Il demande à ralentir, baisse sa vitre et salue cordialement son opposante.

Pour Marlène Schiappa, Marine Le Pen est la seule véritable menace : « Zemmour, je n'y crois plus, Mélenchon non plus car il a porté trop de choses contraires, et la gauche Hidalgo ne votera pas pour lui. Marine Le Pen est la plus dangereuse, elle peut capter une partie du vote Pécresse, une partie de Mélenchon, une partie de Zemmour et même une partie de la gauche révolutionnaire. »

Le président, dont la stratégie politique consistait à empêcher la droite de se reconstituer et à entretenir les divisions à gauche, a réussi. Mais au passage, la topographie politique a mué, favorisant les extrêmes.

Et ce fol homme, élu sur la promesse d'apaiser et de réenchanter la démocratie, s'est au contraire vu reprocher de mettre la société sous tension. Les Français ont cru en sa promesse d'horizontalité, mais il pratique un pouvoir vertical et solitaire. Secoué par la brutalité torrentielle du réel, il a promis de changer mais concède « n'avoir pas réussi à réconcilier le peuple français avec ses dirigeants ». À l'aube de sa réélection, il m'explique vouloir « saisir l'esprit de l'époque. Nous devons être une génération de la lucidité conquérante ». Il lui faudra aussi gérer le caractère inflammable du pays et la guerre de succession qui s'ouvrira au soir du second tour.

Sans parler de la situation internationale et de la guerre barbare que Vladimir Poutine mène en Ukraine et qui accapare le président une grande partie de ses journées.

De son bureau, au premier étage du Palais, le regard se perd : la pelouse dévale en pente douce jusqu'à enserrer délicatement fontaines et bassins nichés au fond du parc. L'incertitude couvre l'horizon d'un linceul opaque. Il adore étirer le temps, mais la fonction avale tout.

L'homme, stoïcien en diable, est doué pour le bonheur. Il n'est pas travaillé par l'angoisse, il sait qu'il faut s'aimer pour s'accomplir. « Emmanuel apporte de la joie », disait François Hollande. Il sait aussi qu'on l'admire plus qu'on ne l'aime. Son avenir sera peut-être politique, ou littéraire. Il a, comme dit Émile Ajar, la vie devant soi.

Épilogue

« Le début des emmerdes »

Il est 19 h 35 ce dimanche 24 avril 2022. La confirmation est tombée : Emmanuel Macron est réélu président de la Ve République. La poignée de ceux qui comptent en macronie se presse dans son bureau, les plus proches, Ferrand, Castaner, Patriat, Denormandie, les conseillers Leonarduzzi, Potton, Emelien et Solère. Les yeux rivés sur l'écran de leur téléphone, tous se regardent, parfois fébriles, d'autres un peu hagards. Jonathan Guemas, la plume du président, semble indifférent à l'électricité qui envahit l'atmosphère : il fait des allers-retours entre la pièce adjacente, le secrétariat, et le bureau présidentiel. Il faut imprimer et réimprimer les différentes versions du discours qu'Emmanuel

Macron écrit à la main, corrige, dicte parfois à haute voix.

Drôle de scène que ces hommes aux costumes gris assis face à face dans les deux canapés de cuir noir, ces hommes qui il y a cinq ans ont pris la France et qui ce soir réitèrent l'impensable. Éparpillées autour du bureau sombre, des feuilles comme autant de taches blanches sur le tapis doré. Guemas et le président, concentrés, laissent glisser au sol les versions du discours qui ne conviennent pas. Soudain, Emmanuel Macron se redresse puis lâche ce mot, ironique : « C'est le début des emmerdes, hein ? ». Il est souriant, malgré la lassitude qui affleure au fond de ses pupilles.

Il n'a jamais vraiment douté qu'il gagnerait. Certes, Marine Le Pen a fait une bonne campagne, mais il a su renverser la mise. « Quand on a parlé du voile, j'ai vu dans ses yeux qu'elle ne croyait pas ce qu'elle disait, qu'elle était enfermée dans son système familial, politique, mais qu'elle n'y croyait pas vraiment. » C'est une des impressions qu'il a retenue de leur débat trois jours plus tôt.

Il est 19 h 50, il faut déjà y aller : le président se lève, attrape la main de Brigitte et descend le grand escalier Murat, entouré par sa garde d'hommes en noir. Dans les gris-or oppressants de la salle des Fêtes, une centaine de proches suivent en direct l'annonce des résultats. À 20 heures, quand le visage d'Emmanuel Macron apparaît, la salle exulte. Brigitte, elle, semble effrayée. Elle joint les mains en prière tout contre son visage, comme pour dissimuler son émotion. Il dépose un baiser au creux d'une de ses joues, puis s'abandonne à l'instant. On l'assaille de toute part, il tourne sur lui-même, un peu étourdi, un peu groggy peut-être. Ce soir, ils dormiront à la Lanterne pour s'extraire de la fureur du moment.

Finalement, sans passion, la raison l'a donc emporté. Mais jamais l'extrême droite n'a été aussi haute, jamais les Français n'ont paru aussi divisés, aussi défiants envers la politique. La France d'Emmanuel Macron reste un volcan prêt à s'embraser. Et il le sait.

Table

Cet ouvrage a été composé
par Nord Compo à Villeneuve-d'Ascq
et achevé d'imprimer en France
par CPI BRODARD & TAUPIN (72200 La Flèche)
pour le compte des Éditions Stock
21, rue du Montparnasse, 75006 Paris
en avril 2022

PAPIER À BASE DE FIBRES CERTIFIÉES

Stock s'engage pour l'environnement en réduisant l'empreinte carbone de ses livres. Celle de cet exemplaire est de :
500 g éq. CO_2
Rendez-vous sur www.editions-stock-durable.fr

Imprimé en France

Dépôt légal : mai 2022
N° d'édition : 01 - N° d'impression : 3048303
60-07-0779/7